NUMBERS : THE KEY TO THE UNIVERSE
by Kjartan Poskitt, illustrated by Philip Reeve

Text copyright ⓒ 2002 by Kjartan Poskitt
Illustrations copyright ⓒ 2002 by Philip Reeve
All rights reserved.
Korean translation copyright ⓒ 2007 by Gimm-Young Publishers, Inc.
This Korean edition was published by Gimm-Young Publishers, Inc. in 2007
by arrangement with Scholastic Ltd. through EYA(Eric Yang Agency), Seoul.

이 책의 한국어판 저작권은 EYA(Eric Yang Agency)를 통해 Scholastic Ltd.와
독점계약한 (주)김영사에 있습니다. 저작권법에 의하여 한국 내에서 보호를 받는
저작물이므로 무단 전재와 복제를 금합니다.

이상야릇 수의 세계

샤르탄 포스키트 글 | **필립 리브** 그림 | **김은지** 옮김 | **김화영** 감수

주니어김영사

이상야릇 수의 세계

1판 1쇄 인쇄 | 2007. 12. 20.
개정 1판 1쇄 발행 | 2019. 12. 5.
개정 1판 3쇄 발행 | 2023. 2. 27.

샤르탄 포스키트 글 | 필립 리브 그림 | 김은지 옮김 | 김화영 감수

발행처 김영사 | 발행인 고세규
등록번호 제 406-2003-036호. | 등록일자 1979. 5. 17.
주소 경기도 파주시 문발로 197(우-10881)
전화 마케팅부 031-955-3100 | 편집부 031-955-3113~20 | 팩스 031-955-3111

값은 표지에 있습니다.
ISBN 978-89-349-9818-1 74080
ISBN 978-89-349-9797-9 (세트)

좋은 독자가 좋은 책을 만듭니다. 김영사는 독자 여러분의 의견에 항상 귀 기울이고 있습니다.
전자우편 book@gimmyoung.com | 홈페이지 www.gimmyoungjr.com

이 도서의 국립중앙도서관 출판시도서목록(CIP)은 서지정보유통지원시스템
홈페이지(http://seoji.nl.go.kr)와 국가자료공동목록시스템(http://www.nl.go.kr/kolisnet)에서
이용하실 수 있습니다. (CIP제어번호 : CIP2019030714)

어린이제품 안전특별법에 의한 표시사항
제품명 도서 제조년월일 2023년 2월 27일 제조사명 김영사 주소 10881 경기도 파주시 문발로 197
전화번호 031-955-3100 제조국명 대한민국 ⚠주의 책 모서리에 찍히거나 책장에 베이지 않게 조심하세요.

차례

끝의 시작	7
피보나치와 포그스워스 장원의 기적	18
제곱, 삼각형, 세제곱의 정체	47
행운과 공포증	79
주요 용의자 – 소수	100
호기심 가게	126
마법의 손가락	132
완전 쓸모없는 수	151
9의 장	168
귀신 같은 수의 밤	182
끝의 끝	209
최종 발표	212

끝의 시작

조그만 달이 갑자기 심하게 흔들리기 시작했다. 몇백만 킬로미터나 떨어진 곳에서 또다시 목소리가 들려왔기 때문이다.

"소리를 조금만 더 크게 해 봐. 준비됐어? 좋아. 마이크 테스트, 하나 둘, 마이크 테스트……."

물론 달에서는 엄마별에서 나는 소리를 들을 수 없었다. 왜냐하면 진공 상태인 우주에서는 소리가 전달되지 않기 때문이다. 만약 이 엄청난 소리가 전달된다면 별의 중력장에 혼란이 일어나 조그만 달은 결국 산산조각 나 버리고 말 것이다.

"좋아, 됐어. 관객들을 들여보내."

우주 최고의 록 밴드가 마지막 고별 무대를 할 준비를 마쳤다. 네불락스는 우주에 존재했던 모든 생명체를 위해 연주할 준비를 하고 있었다. 그런데 여기에는 몇 가지 문제가 있었다. 그중에서 가장 골치 아픈 문제는 좌석의 수를 계산하는 것이었다.

"언제나 새로운 생명체가 진화하고 있어." 콘서트의 홍보 담당인 테자가 계산기를 두드리면서 말했다. "그걸 계산에 넣으면 아무리 해도 끝이 나지 않아."

"관객은 몇 명이 올까요?" 테자의 조수인 샤크가 물었다.
"무한대가 올 거야." 테자가 계산기를 확인하며 말했다.
"그럼 좌석은 얼마나 필요하죠?"
"관객이 무한대이니 좌석도 무한대가 필요하겠지."
그렇게 해서 아주 많은 좌석이 준비되었다. 하지만 관객이 모두 자리 잡은 뒤 샤크가 테자에게 달려왔다.
"문제가 생겼어요. 방금 가수의 어머니가 왔어요!"
"가수에게 어머니가 있다는 말은 처음 듣는데?"
"가수의 어머니가 오셨는데, 어머니에게 좌석을 주지 않으면 가수가 노래를 하지 않겠대요."

"하지만 무한대의 좌석에는 무한대의 관객들로 가득 차 있잖아!" 테자가 한숨을 내쉬었다. "무한대보다 더 많은 좌석을 가질 수는 없어!"
정말 곤란한 상황이었다. 사람들은 점점 불안해했다. 밴드는 연주를 하지 않았고, 분위기는 더욱 험악해졌으며, 금세 무슨 일이 터질 것 같은 상황이 되었다.
이럴 때 할 수 있는 방법은 한 가지밖에 없었다.

테자의 문제, 그러니까 무한대의 좌석에 한 사람을 더 앉혀야 하는 문제를 풀기 위해서는 우주에서 가장 놀라운 주제인 수에 대해 관심을 가져야 한다.

좋아, 여기서 확실히 해 두자. 역사, 프랑스어, 생물학 같은 주제도 물론 매력적이다. 하지만 로켓을 타고 아주 먼 우주에 갔다고 생각해 보자.

외계인들은 이런 주제에 대해서는 아무것도 모를 것이다. 대체 무슨 일인지 몰라서 당황할 것이다. 그리고 우리에게 말대꾸할 방법을 찾으려고 고민하던 외계인들은 분명히 이런 소리를 낼 것이다.

따라서 우주에서 숫자를 제외한 다른 모든 주제는 아무 소용이 없다. 오직 숫자만이 우주로 갈 수 있는 열쇠가 된다!

경고

이 책을 이상하다고 생각하는 사람도 있을 것이다. 합계나 분수에 관한 말은 없고 온통 '우' 혹은 '아', 심지어 '어?' 같은 소리를 내게 만드는 것들로 가득 차 있으니 말이다. 문을 열었더니 나와 똑같은 사람이 서 있다고 생각해 보자. 그럼 무슨 말이 나올까?

여러분은 이 책을 읽는 동안 이런 소리를 아주 많이 내게 될 것이다.

숫자에 관한 미스터리는 쉽게 풀 수 있을 것처럼 보인다. 0부터 시작해서 하나씩 더하면 숫자를 아주 길고 멋지게 써 내려갈 수 있다. 그런데 여기에는 사소한 문제가 하나 있다. 어디에서 멈춰야 하는 걸까? 그리고 여러분은 그 답을 모른다. 숫자는 영원히 계속된다. 혹은 무한대로 간다(수학의 세계에서는 이렇게 말한다). 무한대에 대해서는 나중에 이야기하겠다. 하지만 그전에 우리가 만나게 될 수의 종류에 대해 잠깐 살펴보도록 하자. 나체주의자 마을에서 샤워를 하기 위해 늘어선 사람들처럼 여기엔 아무것도 숨길 게 없다.

다음은 출발하기 전에 생각해 보아야 할 몇 가지 문제들이다.

- 어떤 양의 정수가 하나 있는데 이 수에 1,000,000을 더해서 얻은 값은 이 수에 1,000,000을 곱해서 얻은 값보다 크다. 이 양의 정수는 무엇인가?

  힌트 : 모든 숫자가 바로 이 수에서 시작한다!

- 19=1×9+1+9 그리고 29=2×9+2+9. 이 원칙은 39, 49, 59, 69, 79, 89 그리고 99에도 똑같이 적용된다.

- 6이 완벽한 수라는 걸 아는 사람? 잠시 후 왜 6이 그렇게 멋

진지, 또 왜 사람들이 33,550,336이란 숫자를 찾기 위해 수천 년을 보냈는지 알아보자.
- 21,978에 4를 곱하면 숫자를 거꾸로 쓴 답(87,912)이 나온다.

오, 천만의 말씀! 진짜로 쓸모없는 것들은 바로 이런 것들이다.

32개의 도미노 패로 체스판을 덮을 수 있는 방법으로는 12,988,816가지가 있다. (자, 한번 해 보자! 에서 체스판과 도미노 패 32개를 가져오자. 그런 다음 도미노 패 하나를 두 개의 칸 위에 덮어 보자. 만약 도미노 패가 없다면 종이를 직사각형으로 잘라서 대신 사용하면 된다.)

그렇다. 정말 대단하지? 이 책의 좋은 점은 이렇게 아무 쓸모도 없는 사실이 가득하다는 것이다. 물론 우리는 이런 사실을 발견한 사람들에게 상을 주기 위해 심사위원들을 모셔왔다.

따라서 이 책을 볼 때는 '최고 쓸모없는 상'을 받은 작품은 물론 입선작, 공로상, 우수상 등을 자세히 살펴보아야 한다.

하지만 숫자들과 멋진 시간을 보낼 수 있는 기회를 아슬아슬하게 놓쳐 버리지는 말자. 세상에는 자기가 너무나 똑똑해서, 지난 20년간의 축구 경기 점수나 인기 순위에 오른 노래 가사를 모두 외울 수 있다고 생각하는 사람들이 많이 있다. 그런데 숫자 9를 가지고 할 수 있는 네 가지 마술을 아는 사람은 몇 명이나 될까?

누가 숫자를 생각해 냈을까?

누구나 새롭고 이상한 숫자를 찾아낼 수 있다(예를 들어, 10의 100제곱을 만든 사람은 아홉 살짜리 꼬마였다). 하지만 평생 숫자를 연구하면서 사는 전문가들이 있는데, 사람들은 이들을 수학자라고 부른다. 그리고 우리는 이 사람들을 사랑한다.

이 유쾌한 사람들은 몇 년씩 힘들여서 숫자의 의미를 생각하고 어떻게 숫자를 짜 맞출지를 고민하며 때로는 "왜 우주가 여기 있는 걸까?"와 같은 커다란 문제를 연구한다. 수학자들은 대부분 빵 부스러기가 소매에 붙어 있거나 새들이 수염에 둥지를 틀어도 상관하지 않는다. 오히려 두뇌를 쓰는 엄청난 작업이 모두 시간 낭비라 해도, 이를 기쁜 마음으로 받아들인다. 심지어 그것을 자랑스러워하기도 한다. 그럼 이쯤에서 위대한 수학자인 G. H. 하디가 했던 말을 보자.

> 나는 쓸모 있는 일은 한 번도 한 적이 없다. 내가 했던 발견이나, 내가 직접적으로 혹은 간접적으로 하려 했던 일은 그것이 선을 위한 것이든 악을 위한 것이든 모두 세상 사람들의 즐거움을 위한 것이었다.

가엾은 하디 박사! 그는 수에 관한 자신의 연구가 군대에서

천하무적의 암호 시스템을 개발하는 데 도움이 되었다는 걸 알았다면 아마 엄청 화를 냈을 것이다.

수에 관한 연구는 우주가 어떻게 시작되었고, 우주가 어떻게 움직이며, 원자의 안은 어떻게 생겼을까 하는 문제를 푸는 데 도움을 주었다. 혹시 웜홀(wormhole : '벌레 구멍')이 뭔지 아는 사람? 태양계에서 가장 가까운 별(이 별의 이름은 알파 센타우리)에 가려면 빛의 속도로 가도 4.5년이 걸린다. 하지만 과학자들은 우주에 구멍을 뚫는다면 그곳까지 단번에 갈 수 있을 거라고 말한다. 그럼 그 구멍(웜홀)을 어떻게 하면 찾을 수 있을까? 해답은 수에 있다. 그러니까 수를 연구하면 된다는 것!

정말 이상한 것은 수는 그 자신만으로는 아무 의미도 없다는 것이다. 만약 누군가 여러분에게 "방금 8을 봤다."고 말했다고 하자. 그러면 여러분은 그 사람이 무슨 이야기를 하는 건지 도무지 알 수가 없다. 수는 먹을 수도 없고, 그 위에 앉을 수도 없고, 변기 구멍에 흘려보낼 수도 없다. 하지만 수에 대해 알면 알수록 우리는 수에 의지하게 된다. 최고 쓸모없는 상을 수상한 사실도 언젠가는 아주 중요한 일이 될지 누가 알겠어?

봤지? 이 사실은 아무 짝에도 쓸모없는 것 같고, 사람들에게도 그다지 인정받지 못했다. 하지만 여러분이 이 책에 있는 것 중 하나를 영원히 기억하게 된다면, 그것은 아마도 다음 그림에 나오는 사실일 것이다. 왜냐하면 이것은 수학자들이 생각해 낸 것 중에서 가장 쓸모없는 사실 중 하나이기 때문이다.

피보나치와
포그스워스 장원의 기적

크리스털 아줌마는 다락방 꼭대기에서 천 조각을 이어 붙여서 누비이불을 만들고 있었다. 야윈 손가락으로 이리저리 바늘을 옮기던 아줌마는 지금 이어 붙이고 있는 게 단순한 천 조각이 아니라는 걸 알고 미소를 지었다. 누비이불은 이미 다른 곳에서 마술을 부리고 있었다.

아래층 홀에 있던 집사 크로크는 깜짝 놀랐다.
"정말 그렇게 하실 겁니까, 부인?" 크로크가 투덜거리며 말했다.
"물론이야." 공작부인이 환하게 웃었다. "난 손님들이 우리 장원(莊園, 중세유럽 영주들이 소유했던 대토지)에 올 때 환영받는다는 걸 느끼게 하고 싶어. 복도에 있는 내 그림을 보면 다들 그렇게 생각할 거야."
크로크는 뒤로 물러서서 실물 크기의 전신 초상화를 바라보았다. 공작부인이 어깨 너머로 부끄러운 듯 쳐다보고 있는 그림인데, 문제는 부인이 옷을 하나도 입고 있지 않다는 것이었다.
"손님들이 현관문을 열면 깜짝 놀라게 될 거야." 공작부인이 밝은 목소리로 말했다.
"네, 깜짝 놀라서 기절하겠죠." 크로크가 중얼거렸다. 집사 크로크는 공작부인이 왜 후손들을 위해 자신의 벌거벗은 뒷모

습을 그릴 생각을 했는지 도무지 알 수가 없었다.
"이 그림을 그리는 게 얼마나 힘들었는지 몰라."
"네, 살굿빛 물감이 무척 많이 들었겠죠." 크로크가 혼잣말을 했다.
"그런데 그림이 조금 정사각형인 것 같은 생각이 드네."
"구식처럼 보인다고요?" 크로크는 이렇게 물으면서 화랑에 걸려 있는 먼지 쌓인 옛날 그림들을 생각했다. 뚱뚱한 이탈리아 여자가 옷을 벗고 소파 위에 누워 있는 그림 같은 것들이었다.
"아니, 아니." 공작부인이 말했다. 이 그림은 가로와 세로가 각각 2미터인 정사각형이잖아. 그림이 정사각형일 때에는 보기가 좋지 않거든."
"그럼 직사각형으로 보이게 양쪽을 조금 잘라 낼까요?"
"좋은 생각이야!"
크로크는 톱을 가져온 다음, 그림을 홀에 있는 테이블 위에 놓았다. 몇 분 뒤 크로크가 다시 그림을 들었다.
"이제 세로 2미터에 가로는 1미터입니다."
"음······." 공작부인이 말했다. "이번엔 너무 길고 갸름해 보여. 아래쪽으로 조금 잘라야겠어."

"좋은 생각이십니다." 크로크가 동의했다. "아래쪽을 자르면 그림이 훨씬 멋져 보일 거예요."

"아래쪽을 0.5미터 잘라 내."

"오, 발이 있는 부분을 잘라 내라는 말씀이시군요."

"맞아." 하지만 공작부인은 몇 분 뒤에 다시 이렇게 말했다. "훨씬 낫군. 하지만 이번엔 너무 넓어 보여. 왼쪽과 오른쪽을 10센티미터씩 잘라 내."

"말씀대로 하죠." 크로크는 중얼거리며 다시 톱을 들었다. 기나긴 오후였다.

한편 프림로즈는 정원에서 네 잎 클로버를 찾고 있었다.

"말해 봐." 프림로즈는 녹색의 작은 클로버 하나를 얼굴 가까이 들고 이렇게 말했다. "너희는 모두 잎이 세 개뿐인 것 같은데 왜 그런 거니?"

작은 클로버는 친절하게도 아무 말도 하지 않았다. 왜냐하면 만약 무슨 말이라도 했다가는 프림로즈를 깜짝 놀라게 할 게 분명했기 때문이다.

"괜찮아, 신경 쓰지 마. 대신 꽃잎이 네 개 달린 꽃을 찾을 거니까." 하지만 잠시 후 프림로즈는 이렇게 말했다. "이상도 하지! 아이리스는 꽃잎이 세 개, 미나리아재비는 다섯 개, 그리고 이 장미는…… 가운데에 여덟 개 있고 가장자리엔 다섯 개 있으니까 꽃잎이 모두 열세 개구나. 너희는 왜 이렇게 이상한 숫자를 쓰고 있는 거니?"

클로버는 장미를 슬쩍 찔렀지만 꽃들은 아무 말도 하지 않았다. 식물에게는 지켜야 할 규칙이 몇 가지 있기 때문이었다. 그 중 하나가 이파리와 씨 그리고 꽃잎은 모두 정해진 수학 원칙에 따라서 자라나야 한다는 것이었다.
꽃이든 클로버든, 심지어 파인애플이나 전나무 열매 역시 모두 마찬가지였다. 또 다른 규칙은 사람에게 말을 해서는 안 된다는 것이었다. 만약 그렇게 했다가는 사람들을 깜짝 놀라게 해서 사람들의 머리가 폭발해 버릴지도 모른다.

"이봐요, 아무것도 하지 말아요." 프림로즈는 노래를 부르며 꽃을 바구니에 담았다. "난 너희들을 식물 표본에 붙여 놓을 거야. 그런 다음 옆에다 작은 요정들을 그릴 거야. 그럼 정말 예뻐 보이겠지?"

꽃들은 여전히 아무 말도 하지 않았다. 하지만 기분이 좋았다. 그것도 아주 많이.

한편 당근밭 옆에서는 화가 난 듯한 목소리가 들려오고 있었다.

"이거, 정말 짜증나서 죽겠군!" 대령이 불쑥 말했다. "토끼가 사방에서 밭을 엉망으로 만들어 버렸잖아!"

"정말 유감이군요." 로드니 바운더가 화분 창고에서 나오면서 말했다. "그런데 토끼 농장 덕분에 제 일이 잘될 것 같습니다."

"네, 저한테는 마법사의 주문 같거든요." 로드니가 말했다. "실은 요즘 자금 사정이 안 좋아서 토끼를 두세 마리 정도 키우려고 했거든요."

"두세 마리?" 대령이 투덜거리며 말했다. "수백 마리가 내 채소들을 먹어치우는 거 안 보여요?"

"정말 똑똑하시네요." 로드니가 메모를 확인하며 말했다. "토끼는 새끼 낳는 것을 좋아하는데, 저는 그동안 계속해서 이걸 지켜봐 왔습니다. 지난 12월에 토끼 한 쌍으로 시작했지요."

"그런데 이렇게 많은 새끼를 낳은 거군요."

"아뇨, 사실 처음에는 걱정을 좀 했습니다. 토끼는 첫 번째 달에는 새끼를 낳지 않습니다. 그래서 1월에는 새끼가 한 마리도 없었죠. 하지만 두 번째 달, 그러니까 2월에 한 쌍이 태어났습니다. 그리고 그 다음부터는 매달 한 쌍씩 새끼가 태어났습니다."

"새로 태어난 토끼들은 더 많은 새끼를 낳았겠군요."

"첫 번째 달에는 낳지 않았지만, 그 다음부터는 매달 한 쌍씩 새로 태어났습니다." 로드니가 고개를 끄덕이며 말했다. "이게 그동안 정리한 차트입니다."

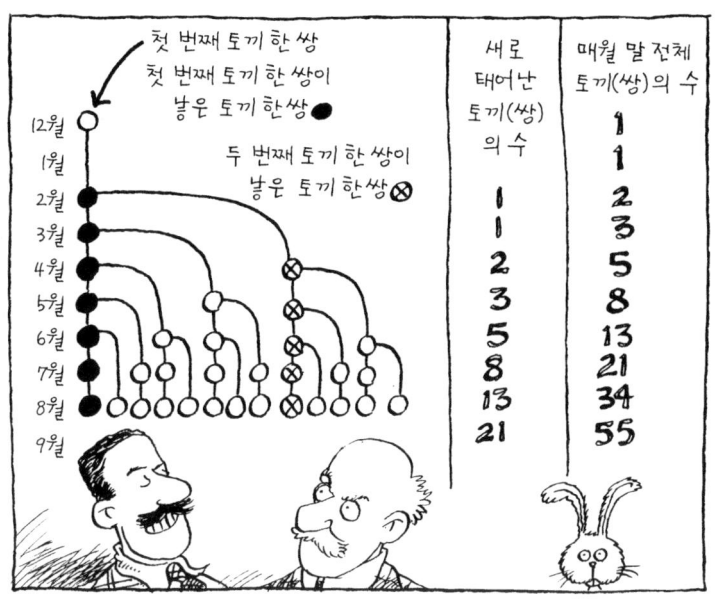

"아주 간단하죠." 로드니가 말했다. "검은 원 표시는 새로 태어난 토끼 한 쌍을 말합니다. 처음 태어난 토끼 한 쌍이 제일 위에 있죠. 녀석들은 2월부터 매달 한 쌍의 토끼를 새로 낳았습니다. 두 번째 태어난 토끼 한 쌍은 4월부터 매달 한 쌍의 토끼를 새로 낳았죠. 줄을 계속해서 따라가다 보면, 각각의 토끼 부부가 또 토끼를 낳았다는 것을 알 수 있습니다. 저는 매월 말에 새로 태어난 토끼 부부의 수를 계산한 다음 모두 더해서 합계를 냈습니다. 예를 들어, 5월 말에 저는 모두 여덟 쌍의 토끼를 갖게 되었습니다. 그리고 6월에 새로 다섯 쌍을 얻었으니까, 6월 말에 제가 갖게 된 토끼 부부의 수는 8+5=13, 즉 모두 13쌍입니다."

"그럼 9월에 갖게 될 토끼 부부의 수는 어떻게 알 수 있습니까?" 대령이 물었다. "아직 9월이 안 된 데다 토끼도 태어나지 않았는데 말입니다."

"다 아는 수가 있습니다." 로드니가 대답했다. "어느 달이든 그 달의 끝에 몇 쌍의 토끼 부부가 태어날지 알기 위해서는 두 달 전에 태어난 총 토끼 부부 수를 보면 됩니다. 7월을 보면 모두 21쌍의 토끼가 태어났는데, 이것은 5월과 6월의 전체 토끼 부부 수를 합한 것입니다."

"어떻게 그렇게 되는 거죠?"

"간단합니다." 로드니가 대답했다. "6월 말의 전체 토끼 부부는 13쌍입니다. 그리고 7월 말에는 이미 태어난 13쌍의 토끼 부부 수에 7월에 새로 태어난 토끼 부부의 수인 8을 더해야 합니다."

"정말 놀랍지 않습니까?" 로드니가 말했다. "토끼 부부는 생후 두 달이 되면 그때부터 매달 한 쌍의 토끼를 새로 낳습니다. 다른 말로 하면, 5월에 태어난 토끼 한 쌍은 7월이면 새로 한 쌍의 토끼를 낳는다는 거죠."

"그럼 7월에 새로 태어난 토끼 부부의 수는 5월의 토끼 부부 수와 같겠군요." 대령은 자신이 좀 더 똑똑해진 것을 느끼며 말했다.

"네, 그렇습니다!" 로드니가 말했다. "따라서 5월 말의 토끼 부부 수에 6월 말의 토끼 부부 수를 합하면 7월 말에 갖게 될 토끼 부부의 수가 나오는 거죠."

"매달 그렇게 됩니까?" 대령이 의심스러운 눈으로 물었다.

"물론입니다." 로드니가 대답했다. "뿐만 아니라 저는 내년 크리스마스에 몇 쌍의 토끼 부부를 갖게 될지도 알 수 있습니다!"

12월	1월	2월	3월	4월	5월	6월	7월	8월
1	1	2	3	5	8	13	21	34

9월	10월	11월	12월	1월	2월	3월	4월
55	89	144	233	377	610	987	1,597

5월	6월	7월	8월	9월	10월	11월	12월
2,584	4,181	6,765	10,946	17,711	28,657	46,368	?

"10월의 토끼 부부 수에 11월의 토끼 부부 수를 더하기만 하면 되죠."

로드니는 분필을 들어서 화분 창고의 벽에 이렇게 적었다. 28,657+46,368=75,025.

"그러니까 7만 5,025마리의 토끼가 내 당근을 먹어치울 거란 말씀입니까?"

대령은 한숨을 쉬었다.

"어…… 아뇨."

"그거 반가운 말이군요."

"사실은 7만 5,025쌍의 토끼입니다!"

대령은 저녁에 온 가족이 서재에 모여서 크리스털 아줌마의 누비이불 작품을 칭찬하고 있을 때에도 여전히 화가 나 있었다.

"정말 놀라운 무늬예요, 아줌마." 프림로즈가 말했다. "모두 정사각형으로 되어 있는데 정사각형이 점점 커져 가네요."

"처음엔 가운데 있는 두 개의 작은 정사각형으로 시작했어." 크리스털 아줌마가 말했다. "그런 다음에 큰 정사각형의 천을 옆에 붙였어. 그러고는 또다시 더 큰 정사각형을 그 옆에 붙였고, 계속 그런 식으로 했지."

"이 숫자는 무슨 뜻입니까?" 로드니가 물었다.

"정사각형의 한 변이 얼마나 긴지 나타낸 거예요." 크리스털 아줌마가 키득키득 웃으며 말했다. "그런데 이 숫자들, 어디서 많이 보지 않았어요?"

"3이라고 쓰인 정사각형은 알겠어요." 프림로즈가 말했다. "5와 8도 알겠고, 그리고 13도 있어요……. 어머나! 제가 꺾은 꽃의 잎의 숫자와 같아요!"

"멋진 천 조각들이군요!" 대령이 소리쳤다. "그리고 숫자들은 폭발적으로 늘어나는 토끼 같습니다. 몇 달 전에 한 쌍으로 시작했는데, 그게 두 쌍, 세 쌍, 그런 다음 다섯 쌍……."

"…… 그리고 여덟 쌍, 열세 쌍이 됐어요!" 로드니가 숨을 헐떡거리며 말했다. "정말 놀랍습니다!"

오직 공작부인만이 조용했다.

"부인께서는 왼쪽을 보고 계시는군요." 크리스털 아줌마가 말했다.

"오늘 난 숫자에 관련된 일이라곤 아무것도 안 했어요." 공작부인이 대답했다. "그러니 부인의 누비이불은 나에게 아무 의미가 없어요."

"하지만 모양을 한번 보세요!" 크리스털 아줌마가 키득키득 웃으며 말했다.

"부인이 맞아요!" 공작부인이 헐떡거리며 말했다. "누비이불의 모양과 내 그림의 모양이 거의 같아요!"

"그런데 누비이불을 어떻게 만들었죠?" 사람들이 물었다.

"이게 바로 그 답이에요!"

크리스털 아줌마는 누비이불 아래쪽에 작게 바느질한 표시를 가리켰다.

황금비율과 완벽한 직사각형

이 표시는 '파이'라고 부르며 아주 특별한 수를 표시하기 위해 사용된다. 이것을 황금비율, 황금분할 또는 황금률이라고 한다.

$\Phi=1.6180339887498948482045868343656……$

휴우! 너무 길어서 외울 수는 없지만, 대신 이런 공식으로 쓰면 된다.

$$\Phi=\frac{\sqrt{5}+1}{2}$$

계산기를 이용해서 Φ를 표현하고 싶을 땐 이런 순서로 누르면 된다. $\sqrt{5}+1\div2=$

파이에는 몇 가지 재미있는 장난이 들어 있다. 제곱수를 만들기 위해서는 1을 더하면 되고, 역수를 만들고 싶다면(다른 말로 하면, 분수로 만들고 싶다는 말이 된다) 그냥 1을 빼면 된다. 즉,

$\Phi^2=\Phi+1$ 그리고 $1/\Phi=\Phi-1$

이것을 숫자로 나타내면 이렇게 된다.

$1.6180339887\times1.6180339887=2.6180339887$

그리고 $1\div1.6180339887=0.6180339887$

계산기를 이용하여 직접 계산해 보라. 그럼 위와 같은 결과가 나타난다는 것을 알 수 있다.

그럼 이걸 왜 '황금비율'이라고 부르는 걸까? 수천 년 동안 사람들은 온갖 모양과 크기의 직사각형을 그려 왔다. 그리고 오래 전 그 많은 직사각형 중에서 특히 멋있게 보이는 모양이 있다는 걸 알게 됐다. 그 모양은 너무 짧지도, 너무 뚱뚱하지

도, 너무 길지도, 너무 마르지도 않았다. 그럼 여기서 여러분이 가장 마음에 들어 하는 직사각형이 뭔지 한번 보자. 여러분의 선택은 과연 전문가들의 생각과 같을까?

물론 개인적인 취향에 따라 차이가 있겠지만, 일반적으로 사람들은 C가 가장 '완벽한 직사각형'이라고 생각한다. C의 세로를 자로 잰 다음 가로의 길이로 나누면 황금비율인 ϕ에 가까운 값을 얻게 된다. 참고로 말하면, 이 책은 거의 완벽한 모양이지만 안타깝게도 황금비율인 직사각형보다는 조금 더 뚱뚱하다.

이 황금비율은 다른 모양에서도 볼 수 있다. 고대 그리스의 수학자인 피타고라스와 그의 동료들은 꼭짓점이 다섯 개인 별 모양 혹은 5각형을 아주 특별하게 생각했다.

별에 있는 선분 AX와 똑같은 길이의 막대기 두 개, 선분 XB

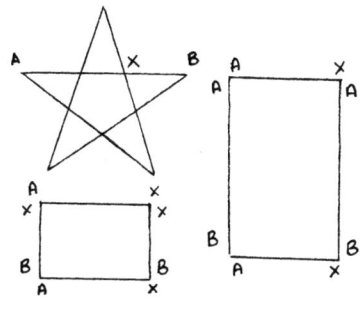

와 똑같은 길이의 막대기 두 개만 있으면 완벽한 직사각형을 만들 수 있다. 만약 더 큰 직사각형을 만들고 싶다면 선분 AB를 두 번, 선분 AX를 두 번 사용하면 된다.

이번에는 완벽한 직사각형을 좀 더 쉽게 그리는 법을 알아보자.

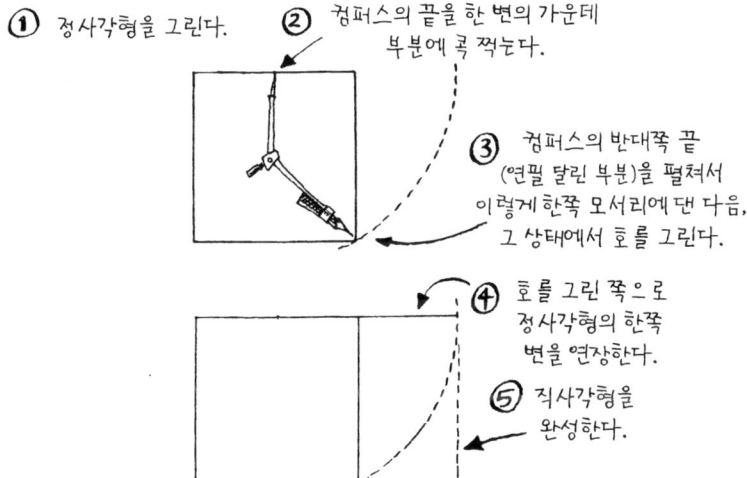

이렇게 만든 큰 직사각형은 완벽한 직사각형이다. 또한 그 직사각형에서 정사각형을 제외한 나머지 작은 직사각형 역시 완벽한 직사각형이다.

기다란 종이 띠가 있을 땐 접힌 모양의 완벽한 직사각형을 만들 수 있다.

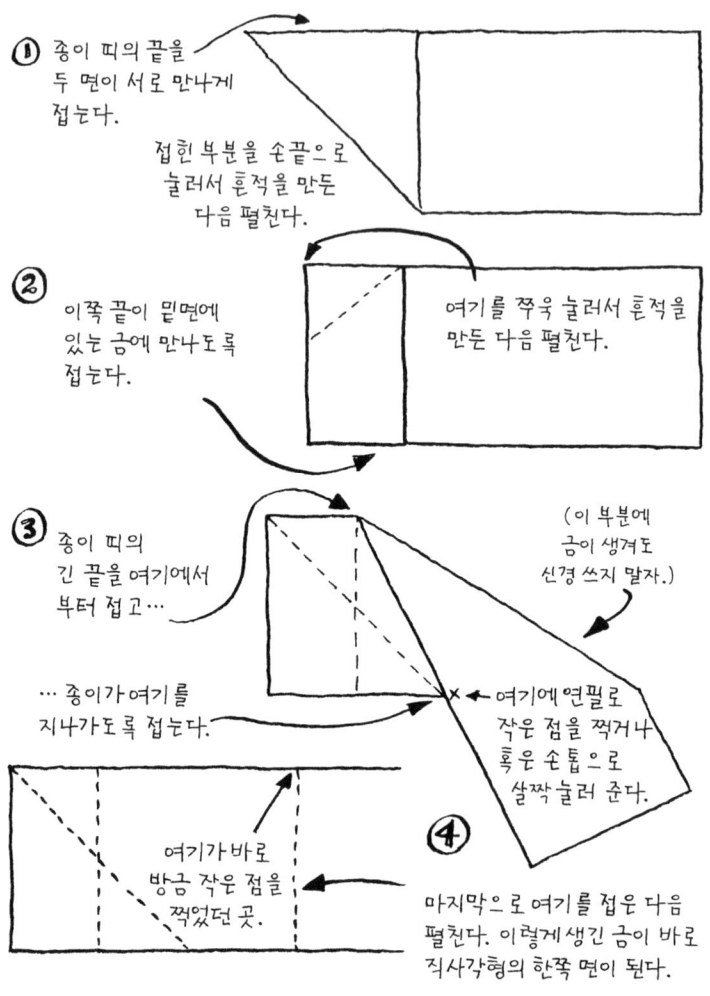

유명한 그림과 건물은 모두 완벽한 직사각형 모양을 이용한다. 그래야 제대로 한 것처럼 보이기 때문이다.

다음의 그림은 그리스 아테네에 있는 파르테논 신전이 처음 지어졌을 때의 모양이다.

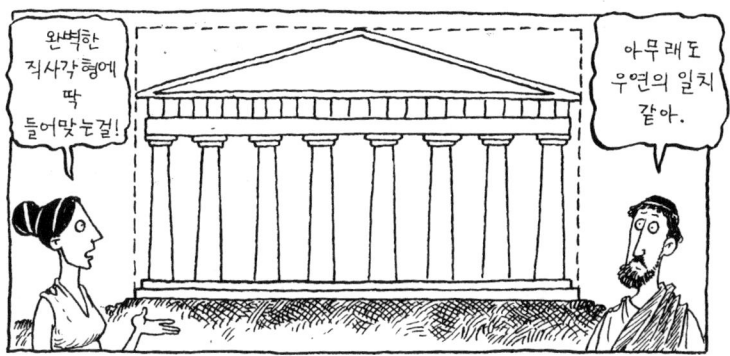

만약 의심이 든다면 이집트 기자에 있는 대 피라미드가 어떻게 지어졌는지 보자.

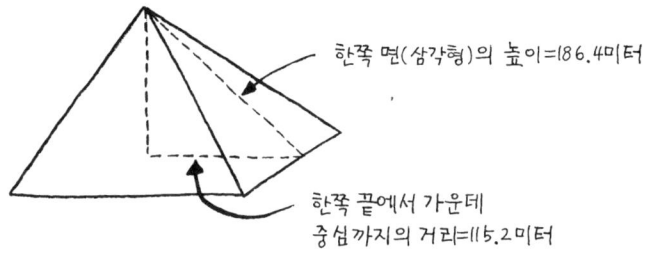

피라미드의 옆면인 삼각형의 높이를 중심까지의 거리로 나누면 이렇게 된다. 186.4미터÷115.2미터=1.618. 덧붙여 말하자면 이집트 사람들은 미터를 몰랐다. 하지만 어떤 단위를 사용했는지는 중요하지 않다. 중요한 것은 같은 결과를 얻게 된다는 것이다.

공작부인 이전에 살았던 수천 명의 화가와 건축가들이 그랬던 것처럼, 공작부인은 자기 초상화를 완벽한 모양으로 만들던 중 자신도 모르는 사이에 조금씩 완벽한 직사각형을 만들고 있었다. 만약 초상화의 세로를 가로로 나눈다면 1.618과 비슷한 결과를 얻을 것이다. 그럼 토끼들은 어떻게 된 것일까?

피보나치의 수열

레오나르도 피보나치는 800년 전 이탈리아의 피사에 살았다. 그 유명한 피사의 사탑이 세워졌을 때였다. 그런데 마치 운명처럼 두 가지 놀라운 일이 일어났다. 하나는 사탑이 옆으로 비스듬히 기울어지기 시작한 것, 그리고 다른 하나는 피보나치가 유명한 수열(數列, 어떤 규칙에 따라 정해지는 수를 배열한 것)을 개발한 것이었다.

앞에 나온 토끼의 경우에서 보았듯이, 이 수열에서는 바로 앞에 있는 두 수를 합하면 다음 수가 된다. 크리스털 아줌마의 누비이불에 있는 사각형의 크기를 나타낸 수도 마찬가지다. 그런데 왜 누비이불의 모양이 공작부인의 초상화와 같은 모양인 걸까?

피보나치수열에는 이상한 점이 여러 가지 있는데, 그중 하나는 결국엔 숫자 Φ(Φ가 1.618과 같다는 것을 아직 기억하고 있겠지?)로 가까이 간다는 것이다. 이게 무슨 말인지 알려면, 피보나치의 수열에서 나란히 있는 두 수를 고른 다음 작은 수로 큰 수를 나눠 보자. 제일 앞에 있는 두 수부터 이렇게 해 보면 이런 결과를 얻게 된다.

1÷1=1 1.618보다 꽤 많이 작다.

2÷1=2 이건 1.618보다 좀 많다.

3÷2=1.5 이건 1.618보다는 작지만 그래도 많이 가까워졌다.

5÷3=1.667 1.618보다는 좀 많지만 그래도 더 많이 가까워졌다.

8÷5=1.6 이번에는 1.618보다 아주 조금 작다.

13÷8=1.625 이건 1.618보다 눈곱만큼 크다.

21÷13=1.615 이번에는 1.618보다 병아리 눈물만큼이나 작다.

34÷21=1.619…… 오, 세상에!

점점 더 Φ에 가까워진다는 걸 알 수 있겠지? 그럼 시간을 절약하기 위해 로드니의 토끼 표에서 가장 큰 숫자를 가져다가 Φ에 얼마나 가까워지는지 보자.

46368/28657=1.6180339882

크리스털 아줌마의 누비이불은 55와 34이니까 비율은 55/34, 즉 1.617647이다. 그래서 공작부인의 그림처럼 거의 완벽한 직사각형의 모양을 갖게 된 것이다.

식물의 세계와 파이

여기가 바로 수학이 정말 이상해지는 부분이다.

꽃에 있는 꽃잎의 수를 세어 보면, 대부분의 경우 피보나치

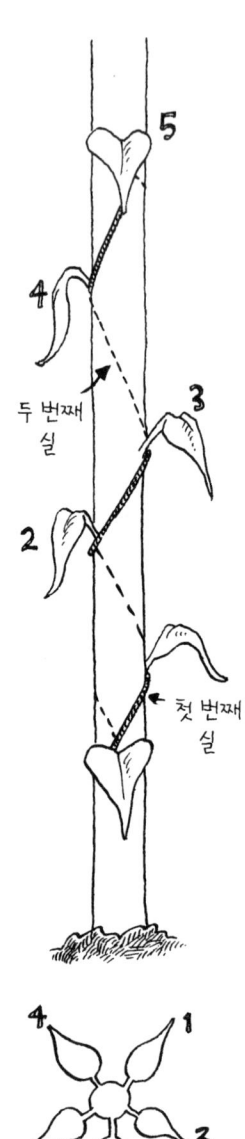

수열인 것을 알 수 있다. 그중에서 장미가 제일 재미있다. 야생 장미는 꽃잎이 다섯 개이지만, 일반적인 장미의 경우 바깥에는 다섯 개, 가운데에는 여덟 개의 꽃잎이 촘촘히 모여 있다. 때로는 꽃잎이 여섯 개인 미나리아재비를 볼 수 있는데 이것은 처음에 세 개였던 꽃잎이 각각 두 개로 나뉘었기 때문이다. 데이지 꽃도 이런 원칙을 지키고 있어서 꽃잎이 55개, 아니면 89개이다(꽃잎이 그보다 몇 개 적거나 많은 경우도 있다).

물론 이 규칙을 따르지 않는 식물도 많이 있다. 하지만 이런 식물들의 경우에는 돌연변이거나 인공적으로 교배해서 만든 잡종이거나 혹은 자라는 동안 이런저런 방해를 받았기 때문이다. 하지만 화분에 해바라기 씨를 심은 뒤 어떻게 자라는지 지켜보면, 줄기에서 잎이 날 때 그 높이가 모두 다르다는 것을 알 수 있다. 그리고 한 가지 무척 재미있는 사실도 발견할 수 있다.

먼저 제일 아래쪽에 있는 잎을 찾아서 그 위치에 실로 매듭을 짓는다고 생각해 보자. 그런 다음 바로 위에 있는 잎에 실로 매듭을 짓는다. 다시 다음에 있는 잎에 매듭을 짓고, 계속 그런 식으로 실로 매듭을 짓는다. 제일 아래쪽에 있는 잎을 0이라고 할 때, 다섯 번째 있는 잎은 0번인 잎의 바로 위쪽에 나 있을 것이다. 그리고 이때 실은 줄기의 주위를 두 바퀴 돈 상태일 것이다.

이제 다른 색의 실을 꺼내서 다시 한 번 잎이 난 위치에 실로 매듭을 지어 보자. 하지만 이번에는 반대 방향으로 실을 감아야 한다. 이렇게 하면 줄기를 세 번 돌 수 있다. 그리고 이것을 숫자로 표현하면 이렇게 된다. 2, 3, 5. 나란히 있는 두 수를 더한 수가 바로 다음에 왔으니, 이것 역시 피보나치 수열이다!

이번에는 좀 더 큰 정원이나 공원에 가서 잎이 나 있으면서 줄기가 긴 식물을 찾아보자. 식물은 대부분 1-1-2 시스템에 따라 잎이 나 있지만, 2-3-5 시스템이나 심지어는 3-5-8 시스템을 따르는 경우도 있다. 다른 말로 하면, 제일 아래쪽에 있는 잎부터 시작해서 위로 여덟 번째 있는 잎이 처음 시작했던 잎의 바로 위에 나 있는 것이다.

나선형 패턴을 찾는 일은 조금 더 어렵다. 해바라기 꽃에 있는 씨를 보면 두 가지 패턴의 나선형으로 나 있음을 알 수 있다. 대개의 경우 한쪽 방향에는 34개의 나선, 반대 방향에는 55개의 나선이 있다(커다란 해바라기에는 한쪽으로는 55개의 나선, 반대쪽으로는 89개나 되는 나선이 있다!). 이걸 모두 세는 게 너무 끔찍하다고 생각된다면 조그만 데이지 꽃을 보는 건 어떨까? 데이지 꽃에는 한쪽으로는 21개의 나선, 반대쪽으로는 34개의 나선이 있다고 한다. 하지만 솔직히 이것 역시 만만한 일은 아닐 것이다. 제아무리 피보나치라고 해도 말이지…….

피보나치의 나선형 패턴은 다른 많은 꽃에서 볼 수 있으며, 심지어 잎이나 솔방울 그리고 파인애플에서도 볼 수 있다. 하지만 여기 훨씬 더 쉬운 방법이 있다. 바나나 한 다발에는 몇 개의 바나나가 달려 있을까?(힌트 : 피보나치수열을 생각한다…… 아니면 바나나를 그냥 으깨 버린다.)

앵무조개

사람이 태어나기 전에 누가 유명해질 것인지 이미 정해진다고 생각해 보자. 아마 그렇다면 일은 이렇게 진행될 것이다.

앵무조개는 25센티미터까지 자라는데 마치 커다란 별을 보는 것 같다. 조개의 껍질이 수학적으로 가장 환상적인 모양으로 자라기 때문이다. 물론 달팽이나 다른 생명체들도 최선의 노력을 하지만 수학책에 이름이나 그림이 실리는 영광은 얻지 못하고 있다.

이거 중간에 방해해서 죄송합니다만, 이상한 수에 대해 몇 가지 알려드릴 게 있습니다.

- 바보 같은 장난 : 1부터 9까지의 숫자 중에서 아무거나 고른다. 여기에 3을 곱하고 다시 37을 곱한다. 자, 그 답은?
- 좀 더 바보 같은 장난 : 계산기를 꺼낸 다음 1부터 9까지의 숫자 중에서 아무거나 누른다. 그런 다음 ×3×7×11×13×37=을 누른다. 모두 재미있는 답이 나왔겠지?
- 3부터 27까지의 숫자 중에서 아무거나 고른다. 여기에 37을 곱하면 세 자리 수를 답으로 얻게 된다. 물론 이 답은 37로는 정확하게 나누어진다. 그런데 재미있는 사실은, 만약 세 자리 중에서 첫 번째 자리의 숫자를 제일 끝으로 옮기거나, 마지막 자리의 숫자를 제일 앞으로 옮겨도 정확하게 37로 나누어진다는 것이다. 예를 들어 37×17=629다. 296과 962 모두 37로 나누어진다.
- 우리 몸의 체온은 섭씨 37도 정도가 정상이다.
- 아무 수나 골라서 각 자리의 수를 제곱한 다음 그 수를 모두 더한다. 그걸 다시 하고 또 하고 또 한다. 그러면 결국엔 1이 되거나 아니면 이런 식으로 끝나게 된다. 37-58-89-145-42-20-4-16-37.
- 마지막으로 1÷37=0.027027027······
그리고 1÷27=0.037037037······

모두 즐거운 시간을 보내셨길 바랍니다. 그럼 이제 다시 책의 내용으로 돌아갈까요?

어디까지 했더라? 아, 그렇지…… 크리스털 아줌마의 누비 이불에 있는 패턴을 한 번 더 볼까?

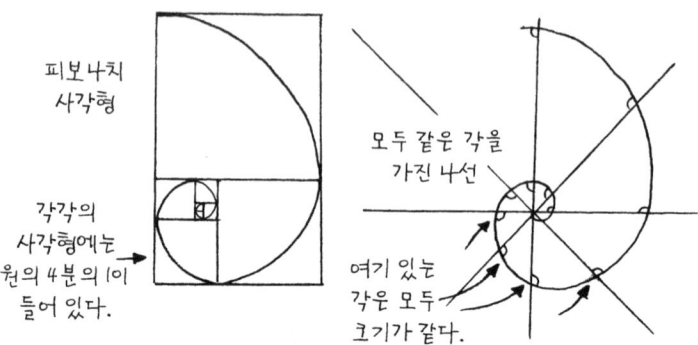

4분의 1 형태의 원을 각각의 사각형 안에 표시하면 나선 모양이 나타난다. 이 모양은 등각(크기가 서로 같은 각) 나선형에 아주 가까우며 또한 앞에서 나온 앵무조개의 모양이기도 하다. 그런데 여기에 관해 한 가지 반갑지 않은 뉴스가 있다. 만약 여러분이 앵무조개인데 잠수복을 입은 수학자가 다가오는 것을 보게 된다면 재빨리 변장을 해야 한다. 그렇지 않으면…….

피보나치 실험

이번엔 놀라운 실험을 하나 해 보자. 여러분에게 1페니(페니는 영국에서 쓰는 돈의 기본 단위로, 우리 돈으로 치면 약 20원 −

2007년 기준. 참고로 100페니는 1파운드)짜리 동전과 2페니짜리 동전이 들어 있는 커다란 주머니가 있는데, 이것을 돼지저금통에 넣는다고 생각해 보자.
- 만약 1페니를 돼지저금통에 넣고 싶다면 한 가지 방법밖에 없다. 1페니짜리 동전 하나를 넣는 것이다.
- 2페니를 넣고 싶다면, 여기에는 두 가지 방법이 있다. 1페니짜리 동전을 두 개 넣거나, 2페니짜리 동전을 하나 넣는 것이다.
- 3페니를 넣고 싶다면 세 가지 방법이 있다. 1페니짜리 동전을 세 개 넣거나, 2페니짜리 동전을 넣은 다음 1페니짜리 동전을 넣거나, 아니면 1페니를 넣은 다음 2페니짜리 동전을 하나 넣는 것이다.
- 4페니나 5페니를 넣고 싶다면 아래에 있는 표를 따라 하면 된다.

저금통에 넣을 돈	넣는 방법의 수	넣는 방법
1페니	1	①
2페니	2	①+① ②
3페니	3	①+①+① ②+① ①+②
4페니	5	①+①+①+① ②+①+① ①+②+① ①+①+② ②+②
5페니	8	①+①+①+①+① ②+①+①+① ①+②+①+① ①+①+②+① ①+①+①+② ②+②+① ②+①+② ①+②+②

아, 배불러!

이제 피보나치수열에 대해 배웠으니 6페니를 넣으려면 몇 가지 방법이 있을지 생각해 보자. 그런 다음 위에서 한 것처럼 적어 보자. 만약 모두 찾았다면 7페니나 8페니 혹은 이보다 더 많은 돈을 가지고 실험해 보자! 그런 다음 여러분의 수준이 어느 정도인지 아래의 표에서 찾아보자.

멋진 피보나치 놀이

〈앗! 시리즈〉의 팬이라면 거의 모든 경우에 놀이를 만들 수 있다. 오래전 피보나치도 마찬가지였다. 자, 이젠 친구를 불러서 이걸 해 보자.

- 여섯 개의 상자를 그린 다음 1에서 6까지 번호를 매긴다.
- 1에서 9까지의 숫자 중에서 아무거나 두 개를 고른다(자기가 똑똑하다고 생각하는 사람은 더 높은 숫자를 골라도 된다). 그리고 1번 상자와 2번 상자에 그 숫자를 쓴다.
- 1번 상자와 2번 상자의 수를 더한 다음 그 수를 3번 상자에 쓴다.
- 이제 2번 상자와 3번 상자의 수를 더한 다음 그 답을 4번 상자에 쓴다.
- 3번 상자와 4번 상자의 수를 더해서 5번 상자에 쓴다.

여기까지 했으면 다른 종이를 한 장 꺼내서 거기에 **5번 상자의 숫자를 쓴다!**

● 4번 상자와 5번 상자의 수를 더해서 6번 상자에 쓴다.
● 마지막으로 여섯 개의 상자에 있는 수를 모두 더한다.

아마 여러분의 친구는 지금까지 답을 적은 걸 보고 어리둥절할 것이다. 6번 상자에 수를 써 넣기도 전에 말이다!

비밀의 숫자 : 5번 상자에 있는 수에 4를 곱하면 그게 바로 비밀의 숫자가 된다!

예를 들면 이렇다.

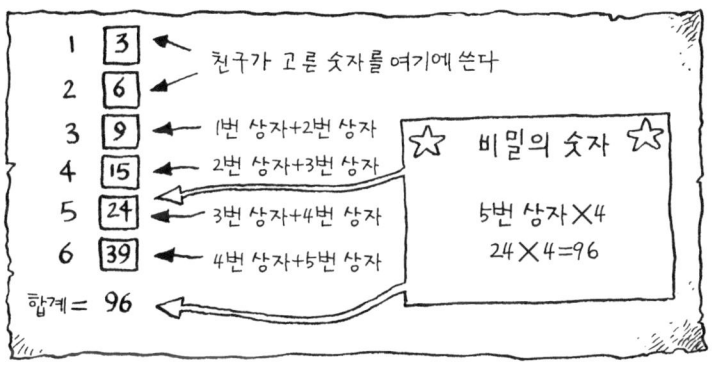

10개의 상자를 이용해서 하면 친구들의 입이 쩍 벌어져서 다물어지지 못하게 만들 수 있다.

친구에게 처음 두 개의 상자에 넣을 숫자 두 개를 고르게 한 다음, 앞에서와 마찬가지로 나머지 상자에 숫자를 적게 하자. 그런 다음 상자에 있는 수를 모두 더하게 하자. 그러는 동안 여러분은 7번 상자에 있는 숫자에 11을 곱하면 된다.

(여기서 잠깐! 혹시 두 자리인 수에 11을 빨리 곱하는 방법을 알고 있는지…… 각 자리의 수를 더한 다음 그 수를 가운데 넣으면 된다.

23×11=253. 이것은 2+3을 하면 5니까 이것을 2와 3 사이에 넣은 것이다. 79×11=869, 이것은 7+9=16이니까 6을 가운데 넣고, 앞에 있는 7에 1을 더한 것이다.)

1÷89=0.0112359550561797……

그럼 아주 이상한 것으로 마무리를 해 보자! 먼저 아래 그림처럼 피보나치수열의 숫자를 (0부터) 대각선으로 쓰자. 이때 두 자리, 혹은 세 자리의 수는 각각 자리를 구분해서 써야 한다. 그런 다음 같은 칸에 있는 수를 합한다.

여기에서는 피보나치수열 중에서 144까지만 썼기 때문에 마지막 두 칸에 있는 숫자는 적지 않았다. 이 숫자가 무엇을 의미할까? 궁금하다면 1÷89의 소수점 이하에 있는 값을 찾아보자.

제곱, 삼각형, 세제곱의 정체

수학을 처음 배우기 시작했을 때를 기억하는 사람? 여러분은 아마 1부터 10까지 세는 것부터 시작했을 것이다. 그리고 10까지 잘 셌을 때, 스스로 똑똑하다고 생각했겠지. 하긴 그러는 게 당연하다. 사람들이 "3 다음은 뭐지?" 같은 어려운 질문을 던져도 대답할 수 있었으니까. 아마 그때는 국제금융가 같은 돈 많이 버는 사람이 되겠다고 생각했을 것이다.

하지만 그 다음부터 상황이 끔찍해졌다. 여러분보다 한 학년 높은 형이나 누나 혹은 변기에 앉아도 엉덩이가 빠지지 않을 정도로 큰 사람이 여러분의 놀라운 재능을 발견했다. 문제는 이 사람이 대답할 수 없는 이상한 질문, 예를 들어 "5에서 2를 빼면 얼마지?" 같은 질문을 했다는 것이다. 허걱! 이렇게 끔찍한 수학적 수수께끼를 풀 수 있는 유일한 방법은 장난감 돈을 꺼내는 것이었다. 여러분은 다섯 개의 가짜 돈을 늘어놓은 다음 거기서 두 개를 가져왔다. 그리고 나머지 가짜 돈의 수를 셌다. 이렇게 해서 자랑스럽게 한 시간도 되기 전에 이런 답을 얻었다…… 3.

시간이 흘러 여러분은 가짜 돈이 필요 없는 나이가 되었다. 여러분은 계산기, 컴퓨터 혹은 (그 무엇보다도 놀라운)연필과 종이를 이용해서 계산하는 법을 배웠다. 여러분은 아마 가짜 돈을 사용했다는 사실조차 잊고 있었을 것이며, 가짜 돈은 여기저기 흩어져 있었겠지. 꽃병 아래, 안락의자의 등받이 아래, 옷장 위, 고양이 뱃속…… 자, 이제 이걸 모두 가져오자!

가짜 돈은 계산기나 컴퓨터가 절대로 할 수 없는 문제 해결 방법을 알려준다. 가짜 돈이 어떻게 악마처럼 끔찍한 계산을 계산기나 컴퓨터 없이 할 수 있는지 알면 깜짝 놀랄 것이다.

제곱수

어떤 수에 똑같은 수를 곱해서 나온 값을 그 수의 제곱이라고 하며, 제곱의 표시는 아주 작은 2를 그 수의 오른쪽 위에 쓴다. 만약 누군가 '3의 제곱'이 뭐냐고 물으면, 여러분은 $3^2=3 \times 3=9$라고 써서 상대방을 깜짝 놀라게 할 수 있다. 이것은 9가 3의 제곱이라는 말이다. 그런데 이 계산을 거꾸로 할 수도 있다. 재미있는 것은 머리가 얼마나 빛나느냐에 따라서 세 가지 방법이 있다는 것이다.

여러분은 마치 커다란 지그재그 표시 같은 이상한 사인이 제곱근을 나타낸다는 것을 눈치 챘을 것이다. 제곱근 표시는 몇 가지 이상한 이유 때문에 이렇게 그리기 어려운 모양으로 만들어졌는데, 어쩌면 이 기호를 빨리 그릴 경우 여러분의 사인처럼 보이기 때문일지도 모른다.

계산기를 쓸 때의 요령 : 계산기를 쓸 때 제곱을 빨리 계산하려면 '×='를 누르면 된다. 즉 18^2의 경우 18×=를 누르면 324라는 답을 얻게 된다. 그리고 제곱근을 얻으려면 '√' 버튼을 눌러야 한다.

놀이 시간

사람들은 제곱해서 나오는 값을 간단히 '제곱' 또는 '제곱수' 라고 하는데 이 수들은 가짜 동전을 사용하여 정사각형으로 나타낼 수 있다. 오른쪽에 있는 그림은 3개의 가짜

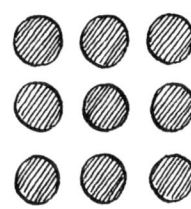

동전을 세 줄로 나란히 놓은 것으로, 모두 9개의 가짜 동전이 들어간다. 그럼 이제 0부터 10까지의 숫자를 쓴 다음 바로 아래 그 수를 제곱해서 써보자. 각 제곱수의 마지막 자릿수가 무엇인지 잘 볼 것!

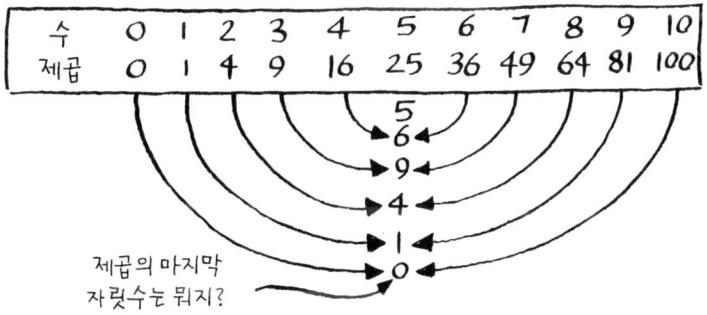

마지막 자릿수에는 정해진 규칙이 있는데 바로 이것이다. 0-1-4-9-6-5-6-9-4-1-0. 10부터 20까지의 제곱에서도 똑같은 규칙을 찾을 수 있다!

수	10	11	12	13	14	15	16	17	18	19	20
제곱	100	121	144	169	196	225	256	289	324	361	400

이 규칙이 항상 들어맞는 이유는 제곱을 하려는 수의 마지막 자릿수에 따라 제곱수의 마지막 자릿수가 결정되기 때문이다.

제곱을 하려는 수의 끝자리 수	제곱한 수의 끝자리 수
0	00
1	1
2	4
3	9
4	6
5	25
6	6
7	9
8	4
9	1

누군가 여러분에게 $578,908^2$을 암산으로 계산하라고 했다고 치자. 허걱! 하지만 답의 끝자리 수가 4라는 것은 금방 말해 줄 수 있다. 5로 끝나는 수를 제곱하는 일은 더 재미있다. 누군가 여러분에게 $74,995^2$이 뭐냐고 물으면 여러분은 마지막 두 자릿수는 25라고 대답하면 된다.

바꾸어 말해서 끝의 자릿수 또는 마지막 두 자릿수가 어떤 수인지 알면 그 수가 제곱수인지 아닌지 알 수 있다. 또 이런 제곱수들은 가짜 동전을 이용하여 모두 정사각형을 만들 수 있기 때문에 만약 이런 일이 생기면……

이건 거짓말이다. 제곱수는 끝자리가 8로 끝나지 않기 때문이다. 다시 말해, 끝자리가 8로 끝나는 개수의 가짜 동전으로는 정사각형을 만들 수 없다.

더 큰 제곱 만들기

먼저 3×3을 만들기 위해서는 9개의 동전이 필요하다. 이제 이것을 4×4로 만들어 보자. 몇 개의 동전이 더 필요할까?

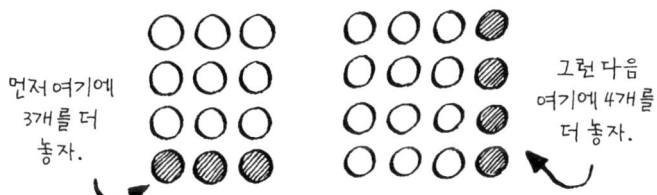

먼저 동전 세 개를 아래쪽에 두어서 직사각형을 만들자. 그런 다음 네 개를 사각형의 옆에 두면 완벽한 4×4인 정사각형(혹은 제곱)이 된다. 4×4로 만들기 위해 더 필요한 동전의 수는 3+4=7. 이렇게 해서 우리는 동전 16개로 4×4(가로 세로가 4개씩인 정사각형)를 갖는다.

이것은 동전을 이용한 설명이고, 식으로 표현하면 이렇게 된다. $3^2+3+4=4^2$ 한 가지 좋은 소식은 항상 이 규칙이 성립한다는 것이다. 아무리 제곱하는 수가 커도 상관없다. 9의 제곱, 즉 9×9의 정사각형에서 시작하려면 이렇게 하면 된다. $9^2+9+10=10^2$. 직접 계산을 해 보거나 직접 동전을 놓아 보면 알 수 있다. 이 규칙은 때로는 멋진 지름길이 되기도 한다.

모두 왜 이게 멋진 지름길인지 알았겠지? 개도 218×218을 계산할 수 있을 정도니, 정말 대단하지 않아?

차의 차

하나의 제곱수에서 다음의 제곱수를 얻기 위해 더해야 하는 수를 두 제곱수의 '차'라고 한다. 예를 들어 25와 36의 차는 11이다. 그럼 차가 어떻게 커지는지 보자.

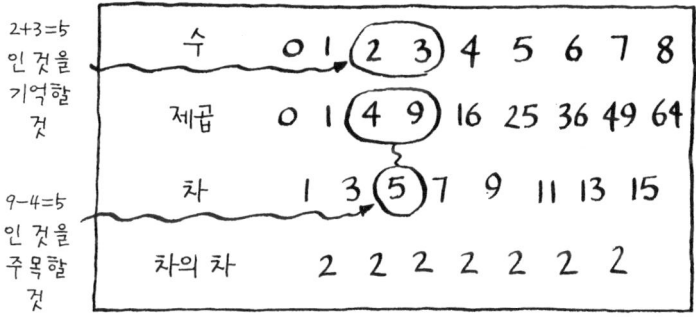

신기한 것은 두 제곱수의 차가 홀수를 나열한 것이라는 사실이다. 각 홀수는 그 다음 홀수와 2의 차이가 나는데, 이 말은 두 제곱수의 차의 차이가 항상 2라는 것을 뜻한다. 그리고 이것은 제곱수의 수가 얼마가 되든 상관없다!

포그스워스 장원에서는 사람들이 정사각형의 석판으로 야외 테라스를 만들려는 계획을 갖고 있었다.

"35년 전에는 여기에 1,369개의 정사각형 석판으로 만든 테라스가 있었습니다." 대령이 말했다. "그래서 커다랗고 완벽한 정사각형으로 석판을 배열했는데요. 안타깝게도 크리스털 부인이 작은 견인 기관차를 끌고 지나가는 바람에 석판이 모두 부서져서 먼지가 되고 말았죠."

"그리고 18년 전에 새로운 테라스를 만들었어요." 공작부인이 말했다. "북쪽과 동쪽 면에 새로 석판을 깔아서 그 전에 있던 것보다 조금 더 크게 만들었는데요. 모두 1,444개의 석판이 사용됐어요."

"그런데 불행하게도 커다란 코끼리두더지가 테라스 가운데까지 굴을 파더니 모두 뭉개버리고 말았습니다." 대령이 말했다.

"우리 한 번 더 해 봐요." 공작부인이 말했다. "이번에는 조금 더 컸으면 좋겠어요."

"그럼 새로 만들 테라스에는 몇 개의 석판이 더 필요할까요?" 대령이 물었다.

"지난번에 만든 테라스의 경우, 한쪽 면에 몇 개의 석판이 사용됐는지 알면 도움이 될 거예요." 공작부인이 말했다. "하지만 그걸 어떻게 알아내죠?"

"아하!" 대령이 자랑스럽게 소리쳤다. "마침 저에게 그 문제를 풀 수 있는 장치가 있습니다! 옛날에 사용하던 계산 마법사인데, 어떻습니까? 귀엽고 멋진 장치죠?"

"그런데 이게 무슨 냄새죠?" 플러그를 꽂자 공작부인이 물었다.

"준비하느라 그런 겁니다." 대령이 대답했다. "그럼 이제 지난번 테라스에 1,444개의 석판이 사용됐으니까 우리가 만들 테라스에는 각 면에 몇 개의 석판이 필요한지 보겠습니다. 아하…… 답이 거의 나온 것 같군요. 어디……."

삐삐 끽끽 딩딩 펑!

"오, 이런!" 계산 마법사에서 연기가 피어오르자 공작부인이 뒤로 물러서면서 말했다. "테라스의 각 면에 몇 개의 석판이 필요한지 모른다면, 새로 테라스를 만들기 위해 석판을 몇 개나 사야 할지 알 수가 없어요."

바로 이때가 아무 쓸모없는 수학 요령이 등장할 순간이다. 그런데 놀라운 건, 여러분은 테라스의 각 면에 몇 개의 석판이 필요한지 알 필요가 없다는 것이다! 여러분이 알아야 할 것은 처음에 만든 정사각형에 1,369개의 석판이 필요했으며, 다음에 만든 정사각형에는 1,444개의 석판이 필요했다는 것뿐이다. 두 정사각형(제곱)의 차는 $1,444-1,369=75$. 각 제곱수의 차는 항상 2씩 늘어나니까 1,444와 다음 제곱의 차는 $75+2=77$. 따라서 새로 만들 정사각형 테라스에 필요한 전체 석판의 수는 $1,444+77=1,521$.

혹시 계산기를 갖고 있다면 1,369와 1,444 그리고 1,521을 테스트해 보자. 그러면 모두 완벽한 제곱수, 즉 정사각형이 된다는 것을 확인할 수 있다!

두 제곱수의 차

지금까지는 제곱수의 크기가 한 단계씩 늘어나는 경우를 알아보았다. 하지만 4×4에서 7×7로 점프할 수 있다면 인생은 더 재미있어질 것이다. 왜냐하면 여기에는 아주 멋진 힌트가 숨어 있으니까.

> 두 제곱수의 차는 두 수의 합과 두 수의 차를 곱한 것과 같다.

이크! 이런 말을 한 번도 들어 본 적이 없다면 아마 말도 안 되는 소리라고 생각할지도 모르겠다. 하지만 바보가 되진 않을 테니 걱정하지 말도록. 이건 단지 규칙을 간단하게 설명한 것일 뿐이다. 만약 규칙을 모두 적는다면 15줄이나 더 써 내려가야 한다. 그럼 모두 지루해서 하품을 해 대겠지? 사람들은 이 규칙을 설명할 때 주로 대수(혹은 대수학)를 사용하며, 그 모양은 이렇다. $x^2 - y^2 = (x-y)(x+y)$

하지만 미리부터 겁먹지 말자! 장난감 동전이 준비되었다면, 그리고 괜찮은 머리를 갖고 있다면 여러분은 이 사소한 수학적 기적을 다른 방법으로 이해할 수 있다.

먼저 숫자로 되어 있는 규칙이 무엇을 뜻하는지 알아야 한다. 규칙은 이런 말로 시작한다. '두 제곱수의 차'. 따라서 먼저 두 개의 수를 고르고 제곱을 한 다음 일이 어떻게 되어 가는지 보도록 하자. 여기에서는 7과 4를 골라 보겠다.

- 두 제곱수의 차를 구하기 위해서는 두 수의 제곱을 각각 구한 다음 큰 수에서 작은 수를 빼야 한다. 여기에서는 7^2-4^2이 된다. 이건 별로 나쁘지 않다. $7^2=49$, 그리고 $4^2=16$이니까 $49-16=33$.
- 규칙에 따르면 이 답은, 우리가 고른 두 개의 수의 합(7+4)에 두 수의 차(7-4)를 곱한 것과 같아야 한다. 두 수의 합은 7+4=11, 그리고 두 수의 차는 7-4=3. 따라서 합에 차를 곱하면 11×3=33이 된다.

오, 정말 두 답이 같은걸? 이야, 진짜 멋지지 않아?

이걸 여러분이 갖고 있는 가짜 동전을 사용하면 좀 더 재미있게 알아볼 수 있다.

① 먼저 7×7의 정사각형을 만든다.
② 7×3 구역을 없앤다.
③ 3×4 구역을 없앤다.
④ 이제 4×4의 정사각형이 남았다.

우리는 7×7, 즉 49개의 동전으로 시작했다. 그런 다음 위에 있는 구역을 없애서 아래 4줄만 있는 모양으로 만들었다. 그리고 왼쪽 끝에 있는 구역을 없애서 4×4인 정사각형을 만들었다. 그럼 우리는 몇 개의 동전을 없앤 걸까?

이것을 알아보려면 이미 없앤 동전의 구역을 움직여서 두 개의 구역이 서로 마주치도록 붙여야 한다. 이렇게!

7-4
7 + 4

이제 우리가 없앤 동전의 구역이 하나의 커다란 구역, 즉 한쪽에는 (7+4)개의 동전이, 다른 쪽에는 (7-4)개의 동전이 있는 구역이 되었다. 따라서 이 구역에 있는 동전의 수는 (7+4)×(7-4)개이다. 먼저 괄호 안에 있는 것부터 계산한다. 그러면 빙고! 조금 전에 했던 것과 같은 결과를 얻게 된다. 11×3=33.

7^2개의 동전으로 시작해서, (7+4)×(7-4)개의 동전을 없앴더니 4^2개의 동전이 남았다. 이것을 식으로 쓰면 이렇다. $7^2-(7+4)\times(7-4)=4^2$. 따라서 $7^2-4^2=(7+4)\times(7-4)$.

이 규칙은 언제나 쓸 수 있다! 만약 동전을 이용해서 5^2-2^2을 해 보고 싶다면, 7과 4 대신 5와 2를 넣으면 된다. 이렇게. (5+2)×(5-2)=7×3=21. 자, 그럼 다른 제곱의 차도 구해 보자. 예를 들면 9^2-5^2이나 8^2-6^2이나 137^2-93^2을 해 보는 건 어떨까?

제곱(제곱수)은 몇 개나 있을까?

이 세상에 제곱수는 무수히 많이 있다. 어떤 수도 제곱수를 만들 수 있기 때문이다. 하지만 수가 커질수록 제곱수와 제곱수 사이의 차가 커진다.

0부터 100까지의 수 중에는 10개의 제곱수가 있다.

1, 4, 9, 16, 25, 36, 49, 64, 81, 100

101부터 200까지의 수 중에는 4개의 제곱수가 있다.

121, 144, 169, 196

201부터 300까지의 수 중에는 3개의 제곱수가 있다.

225, 256, 289

301부터 400까지의 수 중에는 3개의 제곱수가 있다.

324, 361, 400

401부터 500까지의 수 중에는 2개의 제곱수가 있다.

441, 484

…… 기타 등등.

큰 수의 제곱수는 서로 멀리 떨어져 있지만, 생각보다 자주 제곱수를 만날 수 있다. 이걸 해 보자.

1. 4개의 연속하는 수를 아무거나 골라서 서로 곱한다. (예를 들면, 23×24×25×26=358,800)
2. 1을 더한다. (358,800+1=358,801)
3. 그렇게 나온 답이 제곱수이다!
4. 문제는 어떤 수의 제곱이냐 하는 것인데, 의외로 쉽게 알 수 있다. 앞에서 고른 4개의 수 중에서 가장 작은 수와 가장 큰 수를 곱한 다음 1을 더하면 된다. (23×26=598. 여기에 1을 더해야 하니까 598+1=599. 그렇다, 이게 바로 답이다.

즉 $599^2=358,801$)

이제 여러분 혼자 테스트를 해 보자. 걱정할 것 없다. 이건 항상 맞는 규칙이니까. 이상하지만 사실이다.

제곱수에 관한 쓸모없는 몇 가지 사실들

- 49는 7^2. 하지만 가운데 48을 넣어서 $4,489$가 되면 이것은 67^2이다. 그리고 가운데에 다시 48을 넣으면 $444,889=667^2$이며, 다시 48을 넣으면 $44,448,889=6,667^2$이 된다.
- 제곱수를 8로 나누면, 그게 어떤 제곱수이든 나머지는 0 아니면 1 아니면 4이다.
- 모든 수는 네 개(혹은 그 이하)의 제곱수로 나타낼 수 있다. 예를 들어, $14=3^2+2^2+1^2$ 그리고 $39=6^2+1^2+1^2+1^2$ 그리고 $4,097=64^2+1^2$ 그리고 $4,095=63^2+10^2+5^2+1^2$이다.
- $1^2=1$ $11^2=121$ $111^2=12,321$ $1,111^2=1,234,321$ $11,111^2=\cdots$ 자, 직접 알아맞혀 보자!
- $13^2=169$. 이 식은 두 가지 사실을 알려 준다.
  1. 14^2의 값을 얻으려면 마지막 두 자리의 숫자를 서로 바꾸면 된다. $14^2=196$.
  2. 두 개의 수를 모두 거꾸로 써도 된다. 즉 $31^2=961$이다. 이것은 12의 경우에도 들어맞아서 $12^2=144$이며, $21^2=441$이다.

3,333,333,333,333²을 번개처럼 빨리 계산하는 법

계산기를 가져와서 33²이 무엇인지 보자. 그런 다음 333²의 값을 구하고 3,333²의 값을 구하고 33,333²의 값을 구하고 계속 이런 식으로 하면 된다. 하지만 이번에는 계산기가 필요 없는 방법을 알아보자!

삼각수

장난감 동전을 꺼내서 사각형 대신 삼각형을 만들어 보자. 이렇게.

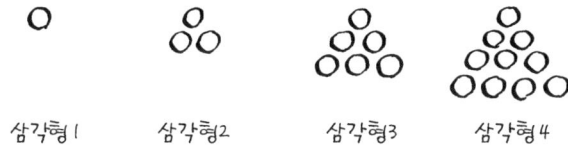

삼각형1   삼각형2   삼각형3   삼각형4

첫 번째 삼각형에는 하나의 동전이 놓여 있다. 정확하게 말하면 삼각형이라고 보기 어렵지만 우선 여기에서부터 시작해 보자. 첫 번째 삼각형에 있는 동전의 수는 1이다. 따라서 우리는 첫 번째 삼각형의 수=1이라고 할 수 있다. 이것을 삼각형1이라고 하고 일일이 다 쓰기가 귀찮으니까 간단히 줄여서 이렇게 쓰자. T1=1.

두 번째 삼각형은 각 변에 있는 동전의 수가 2이다. 두 번째 삼각형에 있는 전체 동전의 수는 3이다. 따라서 '삼각형2'의 수, 혹은 T2=3이다.

같은 식으로 하면 T3=6 그리고 T4=10이다.

이제 삼각형4로 삼각형5를 만든다고 생각해 보자.

삼각형5를 만들기 위해서는 삼각형4의 아래쪽에 동전을 한

줄 더 놓으면 된다. 이렇게 하면
T5=T4+5=15이다.

이때 만들어진 수 1, 3, 6, 10, 15
등을 삼각수라고 한다.

삼각수에 대해서 좀 더 근사한
것을 알아보도록 하자.

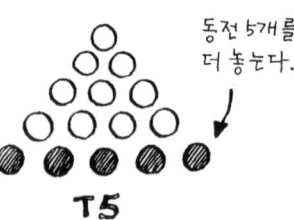

삼각형을 사각형으로 만드는 법

삼각수를 순서대로 쓰면 1, 3, 6, 10, 15, 21, 28, 36, 45…… 이렇게 계속된다. 놀라운 것은, 삼각수는 어떤 것이든 8을 곱한 다음 1을 더하면 항상 제곱수가 된다는 것이다!

예를 들어, T4는 10이다. 따라서 10×8=80, 여기에 1을 더하면 81이 된다. 물론 $81=9^2$이다. 왜 이렇게 되는 걸까?

동전을 이용해서 다시 나타내 보자. 먼저 6개의 동전으로 삼각형3(T3)을 만든다.

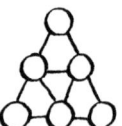

아주 잘했군. 이제 삼각형을 조금 찌그러뜨린 다음 두 번째 T3을 더해서 직사각형을 만들어 보자.

눈치가 빠른 사람은 이 직사각형이 3×4개의 동전으로 되어

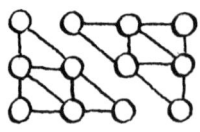

있다는 것, 즉 한쪽 면이 다른 한쪽보다 길다는 것을 알아챘을 텐데, 이건 중요한 사실이다. 그리고 여기에 같은 모양의 직사각형을 네 개 더 놓으면 이렇게 된다.

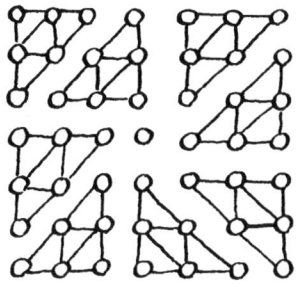

삼각형 8개가 있고 가운데에 동전 하나가 놓여 있다.

가운데 있는 빈자리에 동전을 하나 놓으면, 전체 모양은 정사각형, 즉 제곱의 형태가 된다!

방금 한 것을 확인해 보면 모두 8개의 T3 삼각형과 한 개의 동전이 더 들어갔다는 것을 알 수 있다. 이건 7×7의 정사각형(7^2)이다.

이제 여러분은 세 번째 삼각수가 정사각형7(한 줄에 있는 동전의 수가 7인 정사각형)이 되었다는 것을 알았다. 만약 동전을 한 무더기 가지고 있다면, 어떤 삼각수도 제곱수로 바꿀 수 있다. 이때는 만들고 싶은 삼각수에서 1을 뺀 다음 2로 나누면 된다. 예를 들어, 어떤 삼각수가 11^2이 되는지 알고 싶다면 11-1=10을 계산한 다음 2로 나누면 된다. 그러면 답은 다섯 번째 삼각수가 된다.

세제곱수(입방체)

세제곱수란 어떤 수를 세 번 곱해서 나온 값을 말하며, 그 수 오른쪽 위에 작게 3이라고 써서 나타낸다. 예를 들어 $2^3=2\times2\times2=8$. (2^3은 $2\times3=6$과 다르다.)

8은 2의 세제곱수이고 2는 8의 세제곱근이라고 말할 수 있다. 2^3의 모양은 우리 주위에서 쉽게 찾아볼 수 있는데, 주사위나 각설탕 혹은 작은 블록 같은 것이 세제곱 즉 정육면체(입방체)이다.

세제곱수 몇 개를 순서대로 적어 보면, 세제곱수의 차가 점점 커진다는 것을 알 수 있다.

수	0	1	2	3	4	5	6	7
세제곱수	0	1	8	27	64	125	216	343
세제곱수의 차		1	7	19	37	61	91	127
세제곱수의 차의 차			6	12	18	24	30	36
세제곱수의 차의 차의 차				6	6	6	6	6

벌써 눈치 챘을지 모르지만, 세제곱수는 아주 빨리 커진다. 1^3은 1밖에 안 되지만 4^3만 되어도 벌써 64나 된다. 이게 어떻게 된 일인지 보려면 세제곱수의 차를 보면 된다. 1-7-19…… 이런 식으로 세제곱수의 차 역시 세제곱수만큼이나 빨리 커진다. 그럼 세제곱수의 차의 차는 얼마가 되는 걸까? 답은 6-12-

18…… 이렇게 이어진다. 잠깐! 이거 어디서 많이 보던 거라고? 맞다. 이건 구구단의 6단에 나오는 수와 같다! 그러니까 차의 차의 차는 항상 6이다.

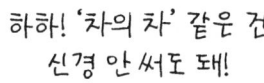

오, 천만에. 못된 찰거머리 박사의 말을 믿으면 모든 게 혼란스러워지기만 한다. 박사는 이렇게 하면 간단한 방법으로 많은 세제곱을 풀 수 있다는 걸 모르고 있다. 예를 들어 8^3을 풀고 싶을 때, 굳이 $8 \times 8 \times 8$을 계산할 필요가 없다.

좋아. 우선, 조금 전에 봤던 세제곱수를 몇 가지 더 적어 보자. 딩동댕!

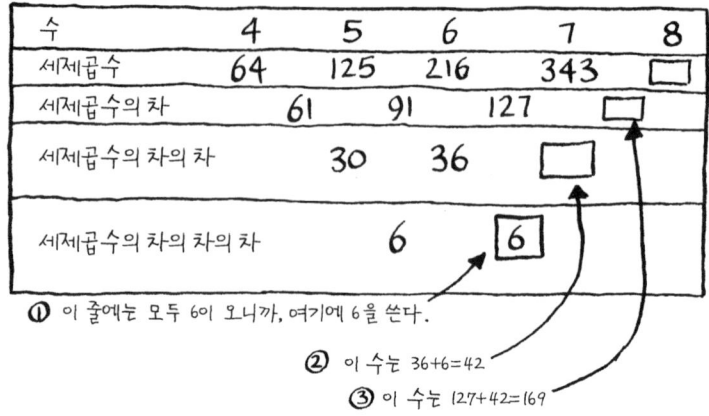

① 이 줄에는 모두 6이 오니까, 여기에 6을 쓴다.
② 이 수는 36+6=42
③ 이 수는 127+42=169

여기에 있는 빈칸을 채우는 게 목표인데, 우선 제일 아래 칸에는 모두 6이 와야 하니까 여기부터 시작하자. 그 윗줄에 있는 수는 바로 앞에 있는 수(즉 36)보다 6이 많아야 하니까 42가 되어야 한다. 한 줄 더 위로 가면, 빈칸에 들어갈 수는 127+42=169가 된다. 그리고 마지막으로 우리는 8^3의 값이 343+169인 것을 알 수 있다. 자, 그럼 찰거머리 박사는 어떻게 하는지 보자.

고생하는 걸 보니 기분이 좋군. 물론 박사가 계산해야 하는 $8 \times 8 \times 8$은 곱셈에 곱셈을 하는 거지만 우리는 그냥 더하기만 하고 있다! 그럼 마무리를 해 볼까? $8^3=343+169=512$. 다 했다! 박사님! 잘 되어 가세요?

세제곱수에 관한 흥미로운 사실

153, 370, 371 그리고 407에는 공통점이 있다. 모두 '각 자릿수의 세제곱의 합'이라는 사실이다. 예를 들어, $153=1^3+5^3+3^3$이다.

중심이 있는 육각형과 그리젤다의 화살

그리젤다는 지금 화살을 사려고 한다. 그리젤다는 연습용 화살 하나, 작은 전투용 화살 7개 묶음, 기습작전용 화살 19개 묶음, 그리고 대형 전투용 화살 37개 묶음 중 하나를 고를 수 있다(그렇다, 37의 팬들이여, 여러분이 좋아하는 수가 방금 또다시 나타났다!). 그리고 다음 크기의 화살이 한 묶음 있는데, 이 습격용 화살 묶음에는 화살이 몇 개나 들어 있을까?

이상한 수를 늘어놓은 것 같겠지만, 더 신기한 건 모두 여러분이 한 번씩 보았다는 것이다! 몇 페이지만 뒤로 돌아가 보면 이 수열을 찾을 수 있으며 답도 찾을 수 있다.

이 수열을 '심육각수'(중심이 있는 육각형의 수라는 뜻)라고 부르는데, 이것은 화살을 가장 촘촘하게 묶을 수 있는 방법이기도 하다. 그리고 묶음의 끝을 들여다보면 육각형으로 생겼다는 걸 알 수 있다.

처음에는 화살 하나로 시작한 다음 여섯 개의 화살을 주위에 둘러서 육각형을 만든다(만약 이걸 가짜 동전이나 10원짜리 동전을 가지고 할 때는 동전을 놓은 다음 주위에 여섯 개를 놓으면 정확하

게 같은 모양이 된다). 다음 육각형을 만들려면 주위에 12개의 화살을 놓으면 되고, 그 다음 육각형을 만들려면 18개의 화살이 필요하다. 육각형을 하나 더 만들 때마다 6의 배수의 화살이 더 필요하며, 습격용 화살 묶음에는 24개의 화살이 더 필요하다. 따라서 답은 37+24=61(64쪽에서 이것과 같은 수열을 찾을 수 있는데 바로 '세제곱수의 차'이다).

지금까지의 설명에 별로 놀라지 않았다면 이번엔 삼각수를 십육각수로 바꾸어 보자. 삼각수를 아무거나 골라서 6을 곱한 다음 1을 더하자. 예를 들어서 두 번째 삼각수는 3이다. 따라서 3×6+1=19. 이것을 그림으로 나타내 보자. 혹시 가짜 동전을 벌써 다 써 버렸다면 깊은 바다에 사는 생물을 갖고 해도 좋다. 그러면 이런 모양이 되겠지!

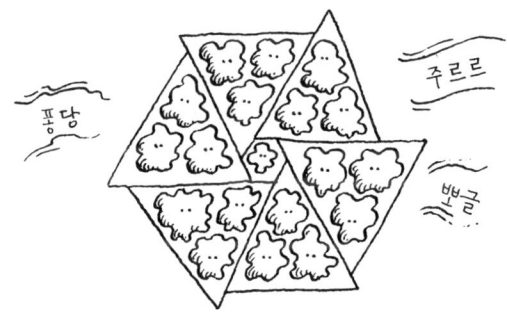

삼각 피라미드와 우르굼의 대포알

나무꾼 우르굼은 그리젤다가 화살을 사러 갔다는 소식을 들었다. 그래서 자신은 대포알을 주문하기로 했다. 대포알은 마치 피라미드처럼 삼각형 모양으로 쌓여 있었다. 그림 아래 그림에서 맹렬한 공격을 위한 대포알은 몇 개가 있을까?

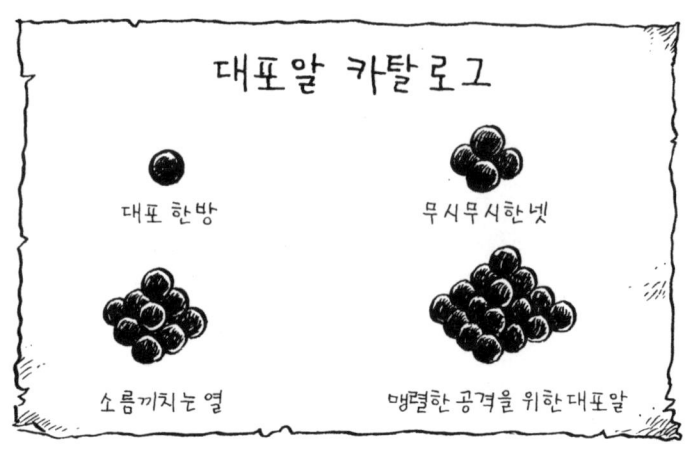

대포알 무더기를 보면, 각 층이 삼각형 모양이므로 한 층에 있는 대포알의 수는 삼각수이다! 첫 번째 층에는 대포알이 하나만 있으므로 1을 첫 번째 삼각수, 혹은 T1이라고 하자.

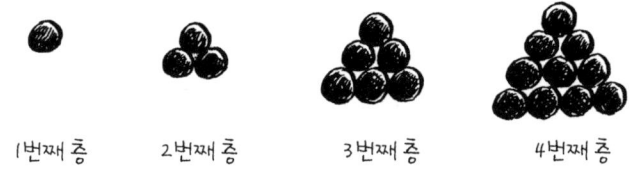

두 번째 피라미드는 두 개의 층으로 되어 있으므로 T1+T2라고 할 수 있다. 따라서 두 번째 피라미드에 있는 대포알의 수는 T1+T2=1+3=4. 세 번째 피라미드는 T1+T2+T3=1+3+6=10.

네 번째 피라미드인 '맹렬한 공격을 위한 대포알'에는 네 개의 층이 있으므로 T1+T2+T3+T4개의 대포알을 갖고 있을 것이다. 따라서 1+3+6+10=20이다.

이런 수를 '사면체의 수'라고 부르는데, 신기하게도 이들 중 세 개만 제곱이다. 첫 번째 사면체의 수는 1로, 이것은 1^2과 같다. 두 번째 사면체의 수는 4로, 이것은 2^2이다. 하지만 세 번째 사면체의 수는 10이며, 네 번째 사면체의 수는 20, 5번째 사면체의 수는 35, 6번째는 56……. 그럼 나머지 하나 남은 제곱은 어디에 있을까? 바로 48번째 사면체의 수인 19,600으로, 이것은 140^2이다. 만약 우르굼이 48번째 피라미드처럼 아주 큰 피라미드 대포알을 갖고 싶다면, 제일 아래층에 있는 삼각형에는 1,176개의 대포알이 있어야 하며, 이 삼각형의 한쪽 줄에는 모두 48개의 대포알이 있어야 한다!

제곱 피라미드와 숫자 91

만약 우르굼의 대포알을 삼각형이 아니라 사각형, 즉 제곱수의 모양으로 쌓아 올린다면 완전히 다른 수열을 갖게 된다. 각 층은 제곱수를 갖게 되므로 1, 4, 9, 16, 25, 36, 49…… 등등.

1번째 층　　　　2번째 층　　　　3번째 층

가장 작은 피라미드의 수는 1, 그 다음은 1+4=5, 그 다음은 1+4+9=14이다. 조금 건너뛰어서 6번째 제곱 피라미드의 수는 이렇게 된다.

　1+4+9+16+25+36=91.

재미있는 사실은 13번째 삼각수가 다음과 같다는 것이다.

1+2+3+4+5+6+7+8+9+10+11+12+13=91.

만약 이것만으로도 재미가 없다면(한편 그리젤다는 마침내 '습격용' 화살 묶음의 다음 사이즈를 사기로 결심했다. 다시 본론으로 돌아가서) 다음에 올 '심육각수'(중심이 있는 육각형의 수)가 무엇인지 알아보자. 그리고 '세계 지배급' 묶음에는 화살이 몇 개나 있는지 계산해 보자!

삼각수의 제곱과 입방체(정육면체)

삼각수를 쓴 다음 제곱을 하고, 각각의 제곱의 차가 얼마나 되는지 알아보면 이렇게 된다.

수	0	1	2	3	4	5	6	7
삼각수	0	1	3	6	10	15	21	28
삼각수의 제곱	0	1	9	36	100	225	441	784
삼각의 제곱의 차		1	8	27	64	125	216	343

맞다! 바로 세제곱이다!

따라서 만약 삼각수에 8을 곱한 다음 1을 더하면 제곱수가 되고, 삼각수에 6을 곱한 다음 1을 더하면 중심이 있는 육각형의 수가 되며, 두 개의 삼각수에 제곱을 한 다음 그 다음에 오는 수와의 차를 구하면 입방체의 수, 즉 세제곱의 수가 된다. 휴우!

지금까지 여러분은 끝을 향해 열심히 달려오느라, 그동안 여러 가지로 힘들었다는 것을 느끼지 못했을 것이다. 하지만 혹시 마음이 아프거나 힘들었다면 기운을 내도록 하자.

여러분을 위로하기 위해 특별히 두 가지 선물을 준비했으니,

바로 이것이다.

진짜로 아무 짝에도 쓸모없는 제곱수와 세제곱수에 관한 사실들

● 8은 제곱수보다 하나 작은 유일한 세제곱수이다. 다른 말로 하면 8+1=9, 이것은 제곱수이다. 하지만 125나 343 같은 다른 세제곱수에 1을 더하면 절대 제곱수가 나오지 않는다.

● 69^2=4,761 그리고 69^3=328,509이다. 이 두 개의 답은 0부터 9까지의 모든 숫자로 이루어져 있다. 이런 결과를 가져오는 수는 69 하나뿐이다.

페르마의 마지막 정리

약 300년 전, 프랑스에 살던 피에르 드 페르마는 온갖 종류의 수학 지식을 갖고 노는 걸 좋아했다. 그는 커다란 문제에 대해 놀랍고 간단한 답을 구하곤 했는데, 그럴 때면 그 답을 책의 빈 공간에다 적어 놓았다. 그런데 그중에는 몇 년 동안 모든 사람들을 사로잡은 문제가 하나 있었으니, 바로 이것이었다.

사람들은 두 개의 제곱수를 더해서 나오는 값도 제곱수라는 것, 그리고 이 규칙을 따르는 수가 무수히 많다는 것을 모두 알고 있었다. 예를 들어 보자.

$3^2+4^2=5^2$ 혹은 $5^2+12^2=13^2$ 그리고 $7^2+24^2=25^2$

이런 규칙을 '피타고라스의 정리'라고 하는데, 여러분도 다음의 방법으로 풀어 볼 수 있다.

● 먼저 홀수 중에서 아무 수나 골라서, 첫 번째 수로 정한다. 여기서는 13을 갖고 해 보자.
● 이것을 제곱하면 $13^2=169$가 된다.
● 여기에서 1을 빼면 $169-1=168$이 된다.
● 이것을 2로 나누면 $168 \div 2=84$. 이것을 두 번째 수로 정한다.
● 세 번째 수를 얻으려면 여기에 1을 더하면 된다. 따라서 $84+1=85$.
● $13^2+84^2=85^2$을 풀다 보면 좀 귀찮아질지도 모르겠다. 하지만 한 가지 다행스러운 건 84^2처럼 거추장스러운 녀석을 해결하지 않고도 답을 구할 수 있다는 것이다.

그런데 세제곱으로도 이런 계산을 할 수 있을까? 그러니까, 다음 계산에 있는 빈칸에 들어갈 정수를 구하는 방법이 있을까? $()^3 + ()^3 = ()^3$

사실, 이건 꼭 세제곱이어야만 하는 것은 아니다. 어떤 거듭제곱이든, 그게 네제곱이든 다섯제곱이든, 혹은 심지어…… ( )^{247} + ( )^{247} = ( )^{247}이든 상관없이 답을 구할 수 있을까? 이런 의문이 든 것이었다.

사람들은 수백 년 동안 위 규칙의 답을 찾기 위해 노력했지만 결국엔 불가능하다는 걸 알았다. 하지만 어느 누구도 그게 불가능하다는 것 또한 증명하지 못했다. 페르마가 책의 한 귀퉁이에 이것을 써 넣기 전까지는.

> 너무나도 놀라운 증명을 발견했지만, 이 여백은 그걸 설명하기엔 공간이 너무 부족하다.

그렇다. 페르마는 이런 계산을 만족할 수 있는 정수는 우주 전체에서 하나도 없다고 주장했으며, 세제곱이나 네제곱, 다섯제곱 등 모든 거듭제곱의 경우에 해당된다고 말했다(이것을 흔히 '페르마의 마지막 정리'라고 하는데, 이렇게 정리된다. $x^n+y^n=z^n$[n이 3 이상의 정수일 때]을 만족시키는 정수 x, y, z는 존재하지 않는다).

페르마는 자신의 생각이 틀렸다고 생각할 때도 간혹 있었지만, 대부분의 경우에는 옳았다. 그런데 그의 증명은 진짜 맞았을까? 아니면…… 그는 실제로 증명을 해냈던 것일까? 아니, 어쩌면 페르마는 사람들을 놀리고 싶었을지도 모른다!(우리의 피엔디시 교수는 페르마와 어렵기 짝이 없는 그의 공식을 좋아했다.) 어떤 게 사실이든, 그의 생각은 옳았다! 열렬한 수학 팬들이 350여 년간 그의 말이 틀렸다는 것을 증명하기 위해 애썼지만 아무도 성공하지 못했기 때문이다.

자존심이 강한 〈앗! 시리즈〉 독자라면 몇백 쪽씩 공책에 써 가며 공식을 증명하려고 할 것이다. 하지만 안타깝게도 여러분은 이미 늦었다.

1993년의 어느 날, 앤드루 와일즈라고 하는 수학 천재가 마침내 페르마의 정리를 증명해냈다. 그는 7년간 머리를 쥐어짜는 노력 끝에야 성공했는데, 그동안 만들어진 그 어떤 수학 공식보다 끔찍한 공식들을 이용했다. 그중에는 페르마가 한 번도 들어 보지 못한 공식이 셀 수 없을 정도로 많았다. 그동안 길고 지루한 강의와 무수히 많은 분석이 이루어진 것은 물론이고, 연구실을 가득 채운 수학자들은 페르마의 공식을 증명하기 위해 눈이 튀어나올 정도로 고생해야 했다.

결국 앤드루 와일즈는 페르마의 정리를 제일 먼저 증명했으며, 그는 최고의 수학자로 불리게 되었다. 우리는 그와 같은 시대에 같은 공간에 살고 있다는 사실에 감사해야 한다. 이건 농담이 아니라 진심이다.

그런데…… 여기서 아주 사소한 것 한 가지가 궁금해진다! 혹시 페르마가 1/2쪽 정도로 증명을 한 뒤에 "봐요, 내가 된다고 했잖아요!"라고 쓴 건 아닐까?

 말이 나온 김에, 여러분에게 이런 문제에 대해 애매한 힌트를 하나 주자면, 천재 수학자인 오일러는 이렇게 멋진 공식(여기엔 괄호가 하나 더 추가로 들어가 있다)에 대한 답은 있을 수 없다고 말했다. $(\ )^4 + (\ )^4 + (\ )^4 = (\ )^4$

 아무도 오일러가 옳다는 것을 증명할 수 없었다. 하지만 200년 뒤 사람들은 괄호 안에 들어갈 숫자가 없다고 확신하게 되었다.

그런데 1988년 나옴 엘키스라는 사람이 이런 수식을 들고 나타났다.

$2,682,440^4 + 15,365,639^4 + 18,796,760^4 = 20,615,673^4$

이렇게 해서 오일러가 틀렸다는 게 분명해졌다.
그리고 얼마 뒤 다시 이런 식이 공개되었다.

$95,800^4 + 217,519^4 + 414,560^4 = 422,481^4$

행운과 공포증

숫자를 이용해서 운세를 말할 수 있다는 사실을 아는 사람?

약 1만 년 전, 고대의 이집트와 바빌로니아 사람들은 숫자가 참으로 놀라운 존재라고 생각했다. 그래서 숫자로 계산만 하는 게 지루해지자, 숫자로 운세를 점치는 방법까지 개발했다. 그 뒤 사람들은 재미 삼아 숫자로 점을 치곤 했다. 특히 고대 그리스의 수학자 피타고라스는 이것을 무척이나 진지하게 생각했다. 그와 제자들은 진짜로 숫자를 숭배했을까?

요즘엔 숫자를 이용해서 점(혹은 운세)을 치는 방법이 요약 정리되어 수비학이라는 멋진 이름을 갖게 되었다. 점쟁이들은 대부분 심각한 표정으로 눈 한 번 깜빡이지 않고 여러분을 쳐다본다. 그리고 수비학자들은 항상 기분 좋은 얼굴을 하고 있으며, 여러분이 그들을 믿든지 믿지 않든지 상관하지 않는다. 물론 수비학을 쓸데없는 헛소리라고 생각하는 사람들도 있을 것이다. 하지만 누구도 수비학을 이 책에 넣는 걸 막을 수 없다. 사실, 빠른 계산을 하는 데 이보다 좋은 방법도 없으니까.

숫자로 운세를 말하는 법

먼저 여러분에 관한 정보를 몇 개 적은 다음 그것을 1부터 9까지의 수와 11 그리고 22 중에서 적당한 수로 바꿔 보자. 아래에 있는 표를 보고 자신에게 해당되는 수를 찾으면 된다(정보는 되도록 간단하게 적었다).

만약 여러분이 11이나 22에 해당된다면 1+1 혹은 2+2를 하면 안 된다. 이 두 개의 수는 여러분이 '아주 특별하다'는 걸 뜻하기 때문이다. 오호!

핵심 수	성격
1	으스대고 충동적이며 자기 생각만 한다.
2	상냥하고 부끄럼을 많이 타며 생각이 깊다.
3	파티를 좋아하고 열정적이며 짜증을 잘 낸다.
4	일을 할 때 믿음직하며 계획을 잘 세운다.
5	모험심이 강하고 끊임없이 움직이며 뭐든지 한 번은 해 본다.
6	집에 있는 걸 좋아하고 현명하며 자기주장이 강하다.
7	고독하며 언제나 마음은 상상의 세계를 떠돈다.
8	돈을 최고라고 생각하며 무정하다.
9	놀라운 상상력의 소유자이지만 별로 똑똑해 보이지는 않는다.
11	예술적이지만 현실에 어둡고 얘기하는 걸 좋아한다.
22	결정력이 있고 현실적이며 보다 나은 세상을 만들려고 한다.

물론 여러분에 대한 여러 가지를 알아볼 수 있는 핵심 수는 아주 많이 있다. 하지만 여기서는 사정상 몇 가지만 살펴보도록 하겠다.

천성을 알려 주는 수

이 수는 여러분의 타고난 성격을 알려 주는 수이다.

- 여러분의 생일을 년/월/일의 순서로 마지막 두 자리만 적는다. 1931년 1월 19일에 태어났다면 31/01/19, 이렇게 되겠지?
- 각 자리의 숫자를 더한다. 그러면 이렇게 된다. 3+1+0+1+1+9=15.
- 답이 1, 2, 3, 4, 5, 6, 7, 8, 9, 11, 22 중 하나가 나올 때까지 각 자리의 수를 계속 더한다. 여기서는 1+5=6.
- 위에 있는 표를 확인한다. 여기서는 천성의 수가 6이므로, 여러분은 집에 있는 걸 좋아하고 현명하며 자기 주장이 강한 편이라는 말이 된다. 음, 괜찮은데?

여러분은 이걸 쓴 작가의 천성을 알려 주는 수가 22라고 해도 별로 놀라지 않겠지. 사실 수비학은 때로는 놀라울 정도로 정확하거든!

휴! 원래 이 책에 그림을 그린 리브 씨는 우리의 위대한 작가 초상화를 여백에 그릴 생각이었다. 하지만 그는 자신의 천성의 수를 계산해 보고는 질투가 났던 것 같다(여기서 또다시 천성의 수가 얼마나 정확한지 나타나는군).

운명의 수

이 수는 여러분이 결국 어떻게 될지 알려 준다.

- 여러분의 이름을 영어로 모두 쓴다. 예를 들어, Pongo McWhiffy(퐁고 맥휘피)라고 하자.
- 아래의 표를 이용해 각각의 철자를 숫자로 바꾼다.

1	2	3	4	5	6	7	8	9
A	B	C	D	E	F	G	H	I
J	K	L	M	N	O	P	Q	R
S	T	U	V	W	X	Y	Z	

그럼 Pongo McWhiffy는 76576 43589667이 된다.

- 각 자리의 수를 더해서 핵심 수로 바꾼다. 퐁고의 경우에는 이름의 숫자를 모두 더하면 79. 따라서 7+9=16, 그러면 1+6=7.
- 앞의 표를 보면…… 퐁고는 고독하며 언제나 상상의 세계를 떠돈다고 되어 있는데, 진짜 맞는지 볼까?

마음과 성격의 수

이름에 있는 모음(a, e, i, o, u)을 이용하면, 여러분의 '마음'(말하자면 마음 깊은 곳에 숨겨져 있는 생각 같은 것)을 나타내는 핵심 수를 알 수 있다. 반면 이름에 있는 자음을 이용하면 겉으로 드러나는 '성격'을 알 수 있다. 만약 이 두 가지의 핵심 수가 같다면 마음과 성격이 완벽한 균형을 이루고 있다는 뜻이다!

이름으로 직접 테스트하기

먼저 핵심 수의 표를 본 다음 여러분이 어떤 사람인지 확인한다. 그런 다음 생일을 이용해 천성을 나타내는 수가 무엇인지 알아보고 맞는지 확인한다. 이번에는 이 책에 나오는 주인공들의 운명의 수, 마음의 수 그리고 성격의 수를 알아보자. 자, 그럼 여러분이 얼마나 잘했는지 볼까?

블레이드 보첼리 베로니카 검플로스 그리젤다 이블 골락
(Blade boccelli) (Veronica gumfloss) (Grizelda) (Evil Gollark)

1. 파티를 좋아하고 잘난 체하고 충동적인 사람은?
2. 혼자 상상하는 걸 좋아하는 외로운 사람은?
3. 혼자 집에 있는 것을 좋아하고 알고 보면 무척 예민한 사람은?(답을 알면 아마 깜짝 놀랄 것이다.)
4. 그리고 (마음속으로는) 돈에 대해서는 절대 봐주는 게 없지만 겉으로 드러나는 성격은 무척 모험심이 강하고 끊임없이 움직이는 사람은?

답 : 1. 베로니카 검플로스 2. 이블 골락 3. 그리젤다 4. 블레이드 보첼리

스스로 의미를 만들자!

숫자에 여러 가지 의미를 두는 경우가 많이 있다. 예를 들어 어떤 달의 12일이 여러분의 생일이라면 여러분은 마치 게임에 승리한 것 같은 기분이 될 것이다. 어떻게 해서 그렇게 되는 거냐고? 그게 뭐 중요한가? 그러지 못하란 법도 없는 거잖아. 어쨌든 우선 사람들의 생일이 언제인지 생각해 보자. 그런 다음 아래의 빈칸에 적당한 수를 여러분 마음 내키는 대로 채워 넣자.

당신의 생일이 ☐일이라면 당신은 매력적이고 마음이 따뜻하며 재치 있는 멋쟁이입니다.

당신의 생일이 ☐일이라면 당신은 게으르고 자기중심적이고 지저분한 사람입니다.

당신의 생일이 ☐일이라면 당신은 속옷을 절대 갈아입지 않는 사람입니다.

당신의 생일이 ☐일이라면 당신은 철저하게 남에게 빌붙기 좋아하는 불쾌한 성격의 소유자입니다.

사실 여러분 스스로 재미있는 성격을 몇 개 적어서 '핵심 수' 차트를 만들면 안 된다는 법은 없다(예를 들어, '6=낡은 슬리퍼로 차 마시는 것을 좋아한다.' 혹은 '11=당신 스스로 끝내주게 멋지다고 생각한다.' 등등). 이렇게 하면 친구들의 이름과 생일을 적은 다음 신나게 웃어 볼 수도 있다.

행운의 수

사람들은 대부분 특별한 행운의 숫자를 갖고 있다. 자신이 태어난 달의 날짜가 행운의 숫자인 경우도 있다. 때로는 3이나 7처럼 아주 흔한 숫자인 사람도 있다. 그런데 혹시 행운의 숫자를 만들어 내는 수학 공식이 있다는 것을 알고 있는 사람? 이것은 1955년에 스타니슬로 울람이 만들어 낸 것으로 그 방법은 이렇다.

1. 귀찮을 정도로 많은 숫자를 쓴다.

```
1  2  3  4  5  6  7  8  9  10 11 12 13 14 15 16 17 18 19 20
21 22 23 24 25 26 27 28 29 30 31 32 33 34 35
36 37 38 39 40 41 42 43 44 45 46 47 48 49 …
```

2. 1을 무시하고, 그 다음에 오는 숫자가 무엇인지 본다. 그게 2면 그것부터 두 번째 오는 숫자를 계속해서 지운다.

```
1     3     5     7     9    11    13    15    17    19
21    23    25    27    29    31    33    35
37    39    41    43    45    47    49 …
```

3. 이제 1 다음에 오는 숫자를 확인한다. 여기에서는 3이다. 이제는 처음부터 세 번째 오는 숫자를 계속 지워 나간다.

```
1     3           7     9          13    15          19
21          25    27          31    33
37    39          43    45          49 …
```

4. 이제 그 다음에 오는 숫자를 확인한다. 여기에서는 7이다. 다시 처음부터 일곱 번째 오는 숫자를 계속 지워 나간다.

```
1     3           7     9          13    15
21          25    27          31    33
37                43    45          49 …
```

5. 이제 그 다음에 오는 숫자를 확인한다. 여기에서는 9이다. 이제부터는 처음부터 아홉 번째 오는 숫자를 계속 지워 나간다.

```
1     3           7     9          13    15
21          25                31    33
37                43    45          49 …
```

6. 계속 그런 식으로 한다.

이렇게 해서 남은 숫자들이 '행운의 수' 리스트가 된다. 왜 이 숫자들을 행운의 수라고 부르냐고? 왜냐하면 다른 숫자들은 모두 지워졌지만, 이 숫자들은 살아남았으니까.

다른 수의 패턴이 그렇듯이, 수학자들은 눈이 튀어나올 때까지 뭔가 번뜩이는 게 떠오르기를 바라면서 숫자들을 쳐다본다. 다른 수의 패턴을 보고 그랬듯이, 여기서 수학자들이 할 수 있는 최선의 일은 행운의 수가 소수와 같다는 결정을 내리는 것이었다. 또한 그들은 골드바흐의 추측(119쪽 참고)이 맞다는 생각도 했다. 말하자면 두 개의 행운의 수를 더하면 짝수가 된다는 것이었다. 그러나 행운의 수가 사소하게나마 쓰일 때도 있었다. 미신에 사로잡힌 수학자들은 복권을 살 때 이 행운의 수를 사용하곤 했다.

행운의 수 목록에 대부분의 사람들이 불행의 수라고 생각하는 13이 들어 있다는 것을 알면 아마 여러분은 깜짝 놀랄 것이다. 실제로 어떤 사람들은 '13공포증(13을 무서워하는 병)'을 갖고 있기도 하다. 그런가 하면 13일의 금요일을 두려워하는 '13일의 금요일 공포증'을 갖고 있는 사람도 있다. 자, 그럼 공포증은 대체 뭘까?

어떤 사람들은 엘리베이터 같은 작은 공간에 갇히는 걸 두려워하기도 하는데, 이런 증상을 '밀실공포증'이라고 한다. 어두운 걸 무서워하는 것은 '어둠공포증' 혹은 '야간공포증'이라고 한다. 거미를 무서워하는 사람들이 꽤 많은데 이런 것을 '거미공포증'이라고 한다. 또 뱀을 무서워하는 것은 '뱀공포증'이라고 하는데 거의 모든 사람들이 갖고 있을 정도이다. 만약 어두운 엘리베이터에 엄청나게 많은 거미와 뱀과 함께 갇혀 있는 것을 두려워한다면…… 그냥 좀 예민한 것일 뿐이다.

세상에는 여러 종류의 공포증이 있다. 물론 여러분은 거울 앞에서 키득거리며 화장도 잘하고, 무릎 꿇고 앉아서 축구 경기도 잘 보고, 때론 사람들 앞에서 엉덩이를 내놓는 일도 곧잘 하겠지만, 이런 종류의 일에 공포를 느끼는 사람들에겐 하나도 재미없는 일이다(거울공포증 : 거울 보는 걸 무서워한다, 무릎공포증 : 무릎을 무서워한다, 나체공포증 : 사람들 앞에서 옷 벗는 것을 무서워한다).

긴 단어를 무서워하는 '긴단어공포증'도 있는데, 이것을 영어로 쓰면 철자가 36개나 된다(hippopotomonstrosesquippedalio-phobic). 우와! 이런 공포증을 갖고 있는 사람은 단어가 줄줄이 연결돼 있는 것만 보면 겁을 낸다. 그런가 하면 '쓰레기공포증'을 가진 사람도 있는데, 이 사람들은 쓰레기 비슷한 것만 봐도 무서워한다.

따라서 그런 사람들은 이 책을 좋아하지 않을 게 분명하다! 그럼 셀 수도 없이 많은 숫자 중에서 왜 13만 공포증을 불러일으키는 걸까? 그 이유를 확실히 아는 사람은 아무도 없다. 하지만 여기 세 가지 이론이 있으니, 여러분 각자 마음에 드는 것을 골라 보는 게 어떨까?

● 13은 12보다 하나 많은 것이기 때문에 불행의 수이다. 자, 여기 12개의 샌드위치가 들어 있는 가방이 있는데 그것을

나무꾼 우르굼과 그리젤다에게 나누어 줘야 한다고 생각해 보자. 물론 이 경우엔 아무 걱정할 필요가 없다. 각각 6개씩 주면 되니까. 하지만 만약 멍청이 훈자(이름 참 별나군!)가 나타나면? 이

때는 샌드위치를 각각 4개씩 공평하게 줄 수 있으며, 세 사람 모두 기분 좋아할 것이다. 심지어 준고이드족 문고이드가 온다고 해도 각자 3개씩 주면 된다. 따라서 샌드위치 12개를 갖고 있다는 건 정말 다행한 일이라고 할 수 있다. 하지만 만약 13개를 갖고 있다면 이야기가 달라질 것이다.

- 13이 불행의 수인 이유는 고대 헤브루의 알파벳 때문이다. 고대 헤브루의 알파벳에서는 열세 번째 글자가 'M'인데, 이것은 죽음을 뜻하는 'mavet'이란 단어의 첫 번째 글자이다.
- 13이 불행의 수인 이유는 예수 그리스도가 열두 명의 제자와 최후의 만찬을 할 때, 그러니까 모두 열세 명이 테이블에 앉아 있을 때, 배신을 당했기 때문이다.

사람들은 이렇게 여러 가지 이유로 숫자 13을 싫어한다. 그래서 호텔의 방 번호에는 13을 쓰지 않으며, 심지어 커다란 호텔 중에는 13층이 없는 경우도 있다.

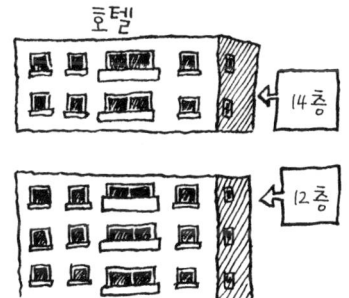

멋 부리는 사람들 중에는 저

녁 식탁에 13명이 앉는 걸 싫어하는 사람도 있다. 여기 그 일을 피하기 위한 몇 가지 방법이 있다.

대부분의 공포증에는 누구나 이해할 수 있는 이유가 있기는 하지만(원자폭탄이 터질까 봐 걱정하는 원자폭탄공포증 환자를 탓할 수는 없지!) 13공포증 환자를 사랑하는 건 바보 같은 짓이다. 사실 13은 수세기 동안 프랑스 황제였던 나폴레옹과 포드 자동차 회사를 세운 헨리 포드를 비롯해 많은 사람들에게 좋은 영향을 미쳤다. 그럼 중증의 13공포증 환자를 만나서 "당신은 바보 같아요."라고 말하면 어떻게 될까? 아마 그 사람들은 마지막 수단으로 이런 말을 할지도 모른다.

아폴로 로켓은 모두 17대가 달을 조사하기 위해 발사되었으며, 그중 가장 유명한 것은 처음으로 달에 사람을 착륙시킨 아폴로 11호이다. 하지만 그에 못지않게 유명한 게 바로 아폴로 13호인데, 1970년 4월 13일 우주에서 폭발했기 때문이다.

아폴로 13호는 불행했다. 하지만 놀라운 것은 우주비행사들이 모두 조그만 달착륙선을 타고 안전하게 지구로 돌아왔다는 사실이다. 이건 마치 조그만 드럼통을 타고 대서양을 건너는 것과 같은 일이었지만, 그들은 성공한 것이다! 그럼 13이란 숫자가 결국엔 행운을 가져온 게 아닐까? 그리고…… 사람들은 아폴로 1호가 발사될 때 발사대에서 불길에 사로잡혀 우주비행

사 3명이 모두 죽었다는 사실을 잊고 있다. 왜냐하면 1은 불행의 숫자가 아니기 때문이다.

물론 13을 불행의 수라고 생각하는 이유 중 하나는 사람들이 불행하게 만들기 때문인 탓도 있다.

도시 : 미국 일리노이 주 시카고
장소 : 어퍼 메인 거리, 루이기의 식당
날짜 : 1929년 10월 5일
시간 : 오후 10시 25분

"이봐, 루이기. 계산서 가져와." 부처가 말했다. "오늘 식사 근사했어."

"감사합니다, 부인." 루이기가 대답했다.

"게다가 아주 조용해서 마음에 들었어. 나하고 롱다리 제이크는 조용한 것을 좋아하거든."

루이기도 조용한 것을 좋아했다. 루이기는 몇 시간 전, 저녁 시간이 시작되던 때를 떠올렸다.

세 명의 보첼리파 사람들이 홀 가운데의 커다란 식탁에 둘러앉아 있는데, 때마침 네 명의 가브리아니파 형제들이 들어왔다.

"어이, 자리 좀 비켜." 살인미소 가브리아니가 말했다. "이게 여기에서 제일 큰 테이블인데 우리는 네 명이고 너희는 세 명밖에 안 되거든."

"그래." 같은 가브리아니파의 위즐이 말했다. "너희는 주방 옆에 있는 조그만 칸막이 안으로 썩 꺼져 버려."

"조그만 칸막이에 들어가기엔 우리가 너무 크다고 생각하지 않나?" 면도칼 보첼리가 점잔을 빼며 말했다.

"그럼 내가 좀 도와주지." 가브리아니파의 전기톱 찰리가 말했다. 그는 전기톱 모양의 가방을 열더니 진짜 전기톱을 꺼냈다.

"그런 시시한 칼로 우릴 겁줄 수 있을 것 같아?"

면도칼 보첼리가 비웃었다. 그러자 위즐이 허리에서 총을 꺼내 들었다.

"장난감 총도 소용없어." 이번에는 보첼리파의 한 손가락 지미가 키득키득 웃으면서 말했다.

그때 살인미소 가브리아니가 모자 아래에서 채찍을 꺼냈다.

"그건 삶아서 국 끓여 먹으면 좋겠는데?" 보첼리파의 포키가 코웃음 쳤다.

가브리아니파의 넘버스가 손가락으로 코를 파더니 꺼냈다. "좋아, 누구부터 맛을 보여 줄까?"

"진정해, 친구!" 면도칼 보첼리가 식탁에서 일어나면서 투덜거렸다.

"여기선 체면을 지켜야지!" 지미가 뒤로 물러나면서 말했다.

"그래." 포키가 말했다. "손님들이 올 텐데 소란 피우면 안 되지."

한편 루이기는 싸움이 벌어질까 봐 카운터 아래에 몸을 숨기고 있었다. 그런데 그때 기적 같은 일이 일어났다. 문 쪽에서 길고 가는 칼이 공기를 가르고 날아오더니 정확하게 테이블 한가운데에 꽂혔다. 그러더니 칼의 떨림이 멈추기도 전에 모자가 날아와 칼 손잡이에 사뿐하게 내려앉았다.

"아앗!" 일곱 명이 동시에 소리치자, 마치 괴상한 슬픈 노래를 합창하는 것 같은 소리가 났다.

"내 모자가 어디 걸렸는지 볼까?" 느린 말투의 목소리가 들렸다. "왜냐하면 난 모자가 걸린 곳에서 식사를 하거든."

"오, 하느님 맙소사!" 루이기가 카운터 위로 고개를 내밀고는 이렇게 말했다. 키가 큰 회색 옷의 남자가, 땅딸보에 보석을 주렁주렁 두른 여자와 함께 가운데 테이블로 걸어갔다.

"이거 면도칼 보첼리와 친구들이군!" 땅딸보 귀부인인 부처가 말했다. "게다가 카우보이 놀이를 하다니, 정말 귀여워. 하지만 여긴 식당이니 다들 밖에 나가서 하는 게 어때?"

"죄송합니다만, 부인……." 겁이 난 위즐의 얼굴이 붉어졌다. "저희는 막 저녁을 먹으려던 참인데요."

"손에 총을 들고 저녁을 먹겠다고?" 부처가 말했다. "난 저녁은 포크를 들고 먹는 거라고 배웠는데. 롱다리 제이크, 왜 그런지 이 친구들한테 가르쳐 줘."

"그렇게 해야 이빨이 머리 뒤에 가서 박히지 않거든."

롱다리 제이크가 손을 천천히 주머니에서 빼자, 일곱 명이 모두 하나가 되어서 식당을 가로질러 뒤쪽으로 갔다. 얼마나 멋진 장면이었는지 루이기는 하마터면 박수를 칠 뻔했다. 하지만 제이크가 꺼낸 것은 총이 아니라 손수건이었다. 그는 손수건으로 의자 위에 있던 빵 부스러기를 털어냈다. 부처는 자리에 앉으면서 놀란 눈으로 쳐다보고 있는 남자들을 바라보았다.

"아직도 여기 있나?"

"예!" 일곱 명이 동시에 대답했다.

"웬만하면 모두 여기 있지 않는 게 좋을 거야. 제이크와 난 오붓하게 있는 걸 좋아하거든."

"아, 네. 저희는 여기 커튼이 있는 작은 방으로 가겠습니다." 보첼리가 말했다.

"주방 바로 옆 구석에 있는데 아주 아늑합니다." 넘버스가 덧붙였다.

"모두들 아주 친절하군. 안 그래, 제이크?" 부처가 말했다.

롱다리 제이크가 미소를 지었다. 마치 피가 뚝뚝 떨어지는 생고기를 맛있게 먹고 난 것 같은 미소였다.

잠시 후 주방에서 웨이터인 베니가 나왔다. 베니는 터져 나오는 웃음을 참으려고 안간힘을 썼다. 주방 옆에 있는 작은 방은 서로 가까이 앉고 싶어 하는 젊은 연인을 위한 곳이었다. 일곱 명의 장정이 테이블 아래위 할 것 없이 꽉 끼어 앉으라고 만들어진 곳은 결코 아니었다.

"모두 괜찮으세요?" 베니가 물었다.

"괜찮아." 전기톱 찰리가 이를 악물고 대답했다. "괜찮다고!"

"메뉴를 드릴까요?"

"어…… 여기 공간이 없으니까 스파게티 하나하고 포도주 한 병하고 빨대나 몇 개 갖다 줘. 나머진 우리가 알아서 할게."

이렇게 해서 저녁 시간은 아주 평화롭게 지나갔다.

"이봐, 베니." 한 시간 뒤 보첼리가 소리쳤다. "계산서 갖다 주겠나?"

"금방 가져가겠습니다, 보첼리 씨." 웨이터인 베니가 말했다. 하지만 그가 방을 가로질러 가는데 부처가 계산서를 빼앗았다.

"70센트라고?" 부처가 큰 소리로 말했다. "이게 다야? 돈을 아끼려고 이것만 먹었다니 정말 안됐군. 사업이 이렇게까지 안 되는 줄 미처 몰랐어."

 "저희는 괜찮습니다, 부인." 위즐이 말했다. "그리고 모두 7명이라서 돈을 나눠서 내기도 좋습니다. 각자 낼 돈은……."
 "각자 10센트씩 내면 돼." 넘버스가 돈을 꺼내면서 말했다. "10 곱하기 7은 70이거든."
 베니가 카운터에 있는 루이기에게 돈을 가져갔다.
 "우리가 커다란 식탁을 쓸 수 있도록 도와줬으니 포도주 값은 내가 내도록 하지." 부처가 코트를 입기 위해 자리에서 일어나며 말했다. "포도주가 얼마지, 루이기?"
 "13센트입니다, 부인."
 "오, 아주 잘됐어!" 부처가 말했다. "그럼, 다들 13이 불행의 숫자가 되지 않기를 기도하는 게 어때?"
 롱다리 제이크는 씨익 웃으면서 13센트를 루이기에게 주었다.

"감사합니다, 부인." 보첼리가 말했다.

루이기는 앞에 놓인 돈을 보고 얼굴을 찌푸렸다.

"어, 베니. 7명이 각자 10센트씩 주었으니 모두 70센트군. 하지만 제이크가 13센트를 주었으니 13센트를 돌려주도록 해."

일곱 명이 손을 내밀자 베니는 한 사람 앞에 1센트 동전을 하나씩 주었다.

"이제 6센트가 남았어요. 이걸 7명에게 어떻게 나누죠?"

"베니에게 팁을 주는 게 어때?" 포키가 말했다. "결국 베니가 여기를 치워야 하잖아. 식탁이 얼마나 더러워졌는지 좀 봐."

사람들은 중얼거리며 그렇게 하자고 했다. 베니는 감동받은 것 같았다. "오, 6센트군." 베니가 중얼거렸다. "마침내 어머니가 그토록 꿈꾸시던 유럽 여행을 보내드릴 수 있게 됐어."

"이제 모두 행복해졌군!" 부처가 현관에서 웃으면서 말했다. "좋아. 그런데 재미있는 것은 말이야. 너희들은 처음에 70센트를 냈어. 하지만 7명이 1센트씩 돌려받았으니 63센트를 낸 셈이 되었지. 그런데 베니가 받은 것은 6센트니까 이걸 합하면 69센트가 되지. 여기서 잠깐 생각해 보면 말이야…… 나머지 1센트는 누가 가졌지?"

문이 닫히자 즉시 일곱 명이 서로 쳐다보았다.

"오, 안 돼!" 루이기가 카운터 아래로 다시 몸을 숨기며 한탄했다.

자, 그럼 나머지 1센트는 어떻게 된 걸까?

답 : 이지 오렌지통은 사람들을 마지 아까지 안내했던 고장적인 게 수표기를 쓴다. 담은 돈을 받은 만지 얼메들이 받았던 게 산돈을 뽑아 준다. 계산자에는 70센트가 적혀 있지만 누구를 깎아야 한다. 마지막 계산자에는 70−13=57, 이걸 계 씨가 있을 것이다. 사람들은 70센트를 내고 7센트를 돌려 받으므로 그들이 낸 돈이 총액은 63센트이다. 이것은 얼마인 곱이 5센트씩 배이지에게 준 팁 6센트가 들어있다.

63센트=57센트+6센트.

주요 용의자-소수

한 가지 반가운 소식은, 이번 코너에는 분수가 나오지 않는 다는 것이다. 분수에는 흥미도 없고 관심도 없고 아무 상관도 하지 않는다는 거지. 야호! 우리의 관심사는 오로지 정수뿐인 것이다.

따라서 우리는 뇌 속의 생각을 조금 조절해야 한다. 뇌에 있는 나사를 모두 뽑은 다음 '분수'와 관련된 칩을 빼야 한다. 우리의 뇌를 컴퓨터라고 생각한다면 말이다.

이제 7÷2 와 같은 계산을 마주치게 되면 "이건 계산할 수 없어!"라고 말하면 된다. 그럼 이걸 다른 친구에게 시험해 보자.

조그 행성에서 온 일곱 명의 나쁜 골락(외계인의 일종)들은 두 개의 우주선을 타고 여행 중이었다. 골락들은 각각의 우주선에 같은 수만큼 타고 싶었지만 그럴 수 없었다.

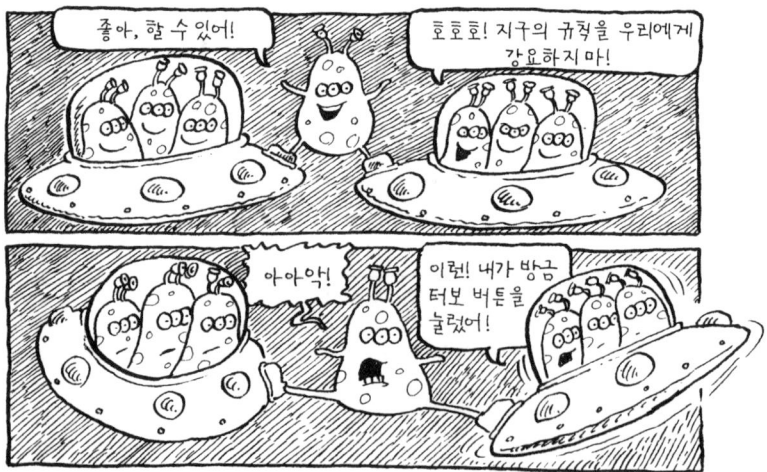

자, 이걸 명심하도록 하자. 이 책에 나오는 규칙들은 외계에

사는 악당 골락을 포함해 모두에게 적용할 수 있다.

일곱 명의 골락을 각각의 우주선에 같은 수만큼 태울 수 있는 유일한 방법은 우주선의 수를 바꾸는 것이다. 골락에게는 두 가지 선택권이 있다. 7명을 모두 태울 수 있는 커다란 우주선을 타거나, 한 명씩 탈 수 있는 작은 우주선 7개를 갖는 것이다. 왜냐하면 수학에서 7은 소수이며, 이것은 수학의 세계에 있는 가장 기본적인 규칙이기 때문이다.

> 소수는 오직 그 자신과 1에 의해서만 나누어진다.

7을 다른 수로 나눌 수 없는 것도 바로 이 때문이다.

하지만 골락에게 반가운 소식은 6명이 남을 경우 선택권이 훨씬 많이 있다는 것이다. 6명의 골락이 하나의 우주선에 탈 수도 있고, 골락 한 명씩 우주선 6대에 나눠 탈 수도 있고, 3대의 우주선에 2명씩 탈 수도 있고, 2대의 우주선에 3명씩 탈 수도 있다.

이것은 6은 1, 2, 3 그리고 6으로 나눠지기 때문이다. 이렇게 그 자신의 수와 1을 제외한 다른 수로도 나눠지는 수를 '합성수'라고 한다. 이 합성수를 나누는 수가 '인수'이다. 여기서 6

의 인수는 1, 2, 3, 6이다.

하지만 이것도 골락에게는 별로 도움이 못 된다는 것을 잊지 말자!

가장 작은 소수

2는 오직 2 자신과 1로 나누어지므로 소수인 게 분명하다. 여기엔 아무 문제가 없다. 3 또한 오직 3과 1로 나누어지므로 소수가 맞다. 하지만 4는 소수가 아니다. 4와 1로 나누어지는 것은 물론 2로도 나누어지기 때문이다(사실, 2는 유일하게 짝수이면서 소수이다. 다른 짝수는 모두 2로 나누어지니까). 나머지 수도 하나씩 확인해 보면 이런 모양의 소수 리스트를 만들 수 있다. 2, 3, 5, 7, 11, 13, 17, 19, 23, 29······.

그런데 이쯤에서 한 가지 궁금증이 생길 것이다.

"그럼 1은?"

사실 이건 이 책에서 가장 좋아하는 질문 중 하나이다. 왜냐하면 수학자들이 숫자 1 때문에 머리를 벽에 부딪치게 되는, 아주 놀랍고 드문 장면을 볼 수 있기 때문이다. 이렇게!

이건 수학자들의 머리를 꽤나 아프게 만드는 문제로, 〈앗! 시리즈〉 위원회에서는 1을 소수로 생각할 건지 합성수로 생각할 건지 결정하기로 했다. 그래서 엄청난 돈을 들여 1억 명에게 국제적인 설문조사를 했으며 다음과 같은 결과를 얻었다.

```
1은 소수일까?
그렇다 · · · · · · · · · · · · · · · · · 7명
아니다 · · · · · · · · · · · · · · · · · 8명
모르겠다 · · · · · · · · · · · · · · · 211명
상관없다 · · · · · · · · · · · 99,999,774명
```

따라서 1은 소수가 아니라는 결정이 내려졌다.

소수 대 합성수 – 일방적인 싸움

만약 모든 수가 같은 점이 많다고 한다면 여러분은 아마 충격을 받을 것이다. 숫자를 사람이라고 가정한다면, 소수는 땀투성이의 레슬링 선수이고 합성수는 비쩍 마른 스포츠댄스 선수라고 할 수 있다. 왜냐고? 스포츠댄스 선수들은 멋진 춤으로 우리를 즐겁게 만들지만, 덩치 우람한 땀투성이의 레슬링 선수 앞에선 아무 힘도 못 쓰기 때문이다.

그럼 왜 그런지 그림을 보자.

오, 이런! 합성수는 무척 조심해야 한다. 땀투성이의 레슬링 선수인 소수는 이런 말을 들으면 기분이 아주 나빠져서 소수인 다른 친구들을 만나면 이렇게 말하기 때문이다.

어떤 수를 소인수로 분해하는 일은 여간 귀찮은 일이 아니다. 하지만 자신이 힘이 세다고 생각한다면 얼마든지 할 수 있다. 여기서 알아야 할 것은 합성수는 모두 2 혹은 다른 소수를 곱해서 만들어진다는 사실이다. 90의 경우에는 $2 \times 3 \times 3 \times 5 = 90$이다. 이 말은 90의 소인수는 2, 3, 3 그리고 5라는 것이다 (3이 두 개 포함된다는 사실을 기억하자).

90의 다른 인수를 찾으려면, 소인수의 자리를 바꾸어서(두 개의 3을 포함해서) 다른 그룹으로 묶으면 된다. 이렇게. $(2 \times 3) \times (3 \times 5) = 90$.

괄호 안을 먼저 계산하면 이런 결과가 나온다. $6 \times 15 = 90$. 이 말은 90의 인수에는 6과 15도 있다는 것을 뜻한다. 그럼 이렇게도 해 보자.

$2 \times (3 \times 3 \times 5) = 2 \times 45 = 90$. 따라서 2와 45도 인수이다.

$(3 \times 3) \times (2 \times 5) = 9 \times 10 = 90$. 따라서 9와 10도 인수이다.

$(2 \times 3 \times 3) \times 5 = 18 \times 5 = 90$. 따라서 18과 5도 인수이다.

$(2 \times 3 \times 5) \times 3 = 30 \times 3 = 90$. 따라서 30과 3도 역시 인수이다.

그럼 이렇게 된다.

이 방법은 90에만 해당되는 게 아니다. 만약 다른 합성수를 소수로 분해한다면, 그 수가 갖고 있는 인수를 모두 알 수 있다.

아주 강한 소수와 약하디약한 합성수

소수와 합성수에 관한 기본적인 사항이 몇 가지 있다. 혹시 이해가 잘 되지 않는다면 다시 강한 레슬링 선수와 비쩍 마른 스포츠댄스 선수들이라고 생각하자.

아주 중요한 규칙

합성수는 '언제나' 둘 혹은 그 이상의 소수로 나누어진다. 예를 들어 132는 소인수 2, 2, 3 그리고 11을 갖고 있다. 169는 두 개의 소인수만 갖고 있는데, 바로 13과 13이다. 그리고 소인수는 서로 같은 숫자이어도 된다. 소인수는 강하며 언제나 합성수를 분해할 수 있다.

아주 중요한 규칙에서 나온 규칙들

● 소수는 절대 합성수로 나누어질 수 없다.

- 만약 어떤 소수로도 나누어질 수 없는 수가 있다면, 그 수는 소수이다(예를 들어, 521은 다른 어떤 소수로도 나누어질 수 없다. 따라서 521은 소수임에 틀림없다).
- 어떤 소수로도 나눌 수 없는 수가 있다면 또한 그 수는 어떤 합성수로도 만들 수 없다. 4나 15 혹은 28 같은 합성수가 있다고 할 때, 이 수로 521을 만들어 보자. 하지만 결코 521을 만들 수 없는데, 이것은 521이 소수이기 때문이다.

완전 약한 규칙

때론 합성수가 다른 합성수로 나누어질 수 있지만 이것에 신경 쓰는 사람은 아무도 없다. 48÷8=6은 아주 귀엽고 다루기도 쉽다. 하지만 너무 평범해서 아무 관심도 끌지 못한다.

소수인지 확인하는 방법

소수인지 확인하라고 말하면, 여러분은 분명 계산기부터 꺼내려고 할 것이다. 작은 수를 다루는 일을 잘하거나 스스로 똑똑하다고 생각하는 사람이 아니라면 말이다. 하지만 계산기가 없어도 모르는 수와 맞닥뜨리게 되면 2부터 시작해서 소수로 하나씩 나누어 보면 된다.

- 만약 어떤 소수로든 깨끗하게 나누어지면 문제의 수는 소수가 아니다.
- 나눈 값이 (방금 나누었던) 소수보다 작을 때까지 계속 나누기를 한다.

그럼 883으로 테스트를 해 보자.
먼저 2로 나누어 보자.

883÷2=441.5　　883은 2로 깨끗하게 나누어지지 않는다. 오직 짝수만이 2로 나누어지기 때문이다.

이제 다음 소수인 3으로 나누어 보자.

883÷3=294.3333　　깨끗하게 나누어져야 하므로 역시 실패다(여기서 잠깐, 우리는 883은 3의 배수인 6, 9, 12, 15…… 등으로도 나누어지지 않는다는 걸 알고 있다).

다음은 5로 해 보자. 사실 5로 나누어 볼 필요가 없다. 883은 마지막 자리 수가 0이나 5가 아니므로, 계산해 보지 않고도 5로 나누어지지 않는다는 걸 알 수 있다.

이제 7로 나눈 다음 11과 13, 17, 그 다음에는 19, 23, 29로 나누어 보자. 그러면 어떤 것으로도 깨끗하게 나누어지지 않는다는 것을 알 수 있다.

결국 31에 이르러서야 이런 결과를 얻을 수 있다.

883÷31=28.48387　　오, 이거 재미있는걸!

여기서 우리는 나눈 값, 즉 몫이 31보다 작다는 것을 알게 된다. 이건 계산을 계속할 필요가 없다는 걸 뜻한다. 따라서 우리는 883이 소수라는 사실을 알게 되는 것이다!

이걸 이해했다면 이번엔 게임을 해 보자.

소수 용의자

악당 몇 명이 맥휘피의 햄버거 운반차에 침입해 양배추 피클을 먹어치웠다. 명탐정 홈스는 의심이 가는 용의자를 불러 모앉다. 하지만 어떻게 해야 범인을 찾을 수 있을까? 홈스는 용의자를 모두 물을 채운 욕조 안에 앉힌 다음 양배추 같은 녹색의 거품이 나는지 지켜보았다.

홈스에게는 한 가지 단서가 있었다. 양배추 피클이 햄버거 운반차의 타이어만큼이나 질기다는 것이었다. 따라서 양배추 피클을 먹으려면 엄청나게 힘이 좋고 강해야 했다. 그리고 용의자들은 자신만의 번호를 갖고 있었다. 자, 여러분은 홈스가 도둑을 찾을 수 있도록 도와줄 수 있을까?(힌트 : 소수는 아주 강하다는 것을 기억할 것)

> 답 : 도둑은 557, 941, 929이다. 다른 수는 합성수이다.
> 779=19×41, 623=7×89, 그리고 841=29×29.

소수의 규칙

수학자들은 어떤 수가 소수인지 예견할 수 있는 규칙을 알아내기 위해 수천 년의 시간을 보냈다. 하지만 아쉽게도 별로 소득이 없었다. 한번은 3을 나란히 쓰고 끝에 1을 쓰면 소수가 된다고 생각했다. 그래서 31/331/3,331/33,331/333, 331을 시험해 봤다. 그리고 모두 소수라는 사실을 확인했다. 심지어 3,333,331도 33,333,331도 소수였다. 수학자들은 흥분했다. 하지만 333,333,331이 19,607,843×17이라는 게 밝혀졌다. 소수가 아니라 합성수였던 것이다.

400년 전, 마랭 메르센이라는 프랑스의 수도사는 밤잠을 설쳐가며 2의 거듭제곱을 한 다음 1을 빼면 소수가 된다는 걸 알아냈다. 2^n-1은 소수이다(이때, n은 소수이어야 한다). 예를 들어 (2^5-1) 이것은 2×2×2×2×2-1을 줄여서 쓴 것으로, 이것을 계산하면 32-1=31이 된다. 사람들은 이 공식에 맞는 소수를 메르센 소수라고 불렀다. 그런데 불행하게도 믿음직스럽게 보이는 이 멋진 공식에는 세 가지 문제점이 있었다.

- 2의 거듭제곱이 소수가 아니면 이 공식은 맞지 않는다. 예를 들어 6은 소수가 아니다. 그러므로 (2^6-1) 역시 소수가 아니다. 이것을 계산하면 63인데, 이것은 7×9이다.
- 거듭제곱이 소수라 하더라도, 공식이 맞지 않을 때가 있다. 11은 무진장 강하고 튼튼한 소수이다. 하지만 ($2^{11}-1$)=2,047이며, 이것은 23×89이다.
- 메르센의 공식에 맞지 않는 소수는 셀 수 없이 많다.

그래도 메르센 신부에게는 한 가지 좋은 소식이 있다. 메르센 소수가 '완전 쓸모없는 수'라는 점을 이 책에서 특별하게 다루고 있기 때문이다. 하지만 나쁜 소식도 있다. 이미 2000년 전에도 사람들은 메르센 소수가 이렇게 쓰인다는 사실을 알고 있었다는 것이다.

〈앗! 시리즈〉의 영웅

메르센 신부는 생전에 $(2^{67}-1)$이 소수라고 생각했으며 여기에 반기를 드는 사람은 아무도 없었다. 1903년 10월의 어느 날, 뉴욕에서 이런 일이 생기기 전까지는······.

이건 모두 실화이며, 컴퓨터가 발명되기 이전의 일이었다. 아무도 존재할 거라고 생각조차 하지 못했던 ($2^{67}-1$)의 두 개의 인수를, 순전히 손과 머리만으로 계산하다니! 이 얼마나 대단한 일인가! 우리의 영웅인 콜 박사는 이 일에 대해 딱 한 마디 말했다. "인수를 찾는 데 얼마나 걸렸습니까?"라는 질문에 박사는 이렇게 대답했다.

일요일에만 연구해서, 3년이 걸렸습니다.

소수는 모두 몇 개나 있을까?

셀 수 없이 많고 또 많이 있다.

왜 그런지 이유를 알고 싶다면 우선 창문부터 열자. 이제 〈앗! 시리즈〉의 엄청난 스타를 모셔 와야 하는 데다, 여러분은 신선한 공기가 필요할 테니까. 엄청난 스타는 바로 고대 그리스 사람으로, 비록 2000년 전의 인물이긴 하지만 여러분의 머리를 열 받게 할 것이 분명하다. 자, 준비됐나? 그럼 시작해 보자.

유클리드는 최초로 엄청난 수학책을 썼다. 하지만 그 책은 요즘 여러분이 갖고 있는 멋진 책과는 생김새가 좀 달랐다. 모두 13권이나 되는 이 책의 이름은 《원론》인데, 다음에 나온 말을 비롯해 여러 가지 중요한 내용이 가득했다.

이건 유클리드의 말을 그대로 옮긴 건 아니지만, 핵심 내용은 그대로이다. 못 믿겠다면 이렇게 해 보자.

- 여러분이 생각할 수 있는 가장 큰 소수를 생각한다. 여기서는 가장 큰 소수가 13이라고 생각해 보자.
- 그 소수보다 작은 소수를 모두(마지막인 2까지) 곱한다. 그럼 $13 \times 11 \times 7 \times 5 \times 3 \times 2$이 되며, 이것은 30,030이다.
- 여기에 1을 더해 30,031을 만든다. 이제 우리는 13, 11, 7, 5, 3 그리고 2로 나누어지지 않는 수를 만들었다. 여기 나온 소수로 나누면 항상 나머지 1이 남을 테니까 말이다(그리고 어떤 소수로도 나누어지지 않는 수라면 그 수는 어떤 합성수로도 나눌 수 없다).
- 이제 두 가지 가정이 있을 수 있다.

- 둘 중 어떤 경우라 하더라도, 13보다 큰 소수가 있어야 한다.
- 13보다 큰 소수가 있다는 것을 알았으니, 이제 더 큰 소수를 가지고 다시 시작하자. 그리고 그보다 작은 소수를 모두 곱한 다음 1을 더하자. 그러면 그 소수보다 더 큰 소수가 있다는 것을 알게 될 것이며, 이런 식으로 큰 소수를 찾는 계산은 계속된다.
- 따라서 소수의 개수는 무한하다. 다른 말로 하면, 소수는 셀 수 없이 많다.

밝혀진 바에 따르면 30,031은 소수가 아니며, 두 개의 소인수를 곱해서 만들어진 수이다. 그리고 그 두 개의 소인수는 13이 콩알만 하게 보일 정도로 크다.

이것은 또 다른 문제로 연결된다. 이 문제는 콜 박사 같은 수학자들에게 충격을 주었다. 수학자들은 아주 큰 수가 소수가 아니라는 것을 알았을 때 정확하게 어떤 수로 나누어지는지 알아보려고 했다. 예를 들어 숫자 11,111,111,111,111,111은 소수가 아니다. 하지만 이게 2,071,723×5,363,222,357을 계산한 값이라는 걸 누가 알 수 있을까?

수학자의 대열에 끼고 싶다면, 당장 계산기를 꺼내 들고 30,031의 소인수 2개를 찾아보자.

> 답 : 30,031=59×509. 어때, 생각나지 않지?

가장 큰 소수는 무엇일까?

앞에서 본 것처럼 가장 큰 소수는 없다. 왜냐하면 소수는 끝없이 계속해서 이어지니까. 사람들은 더 큰 메르센의 소수를 찾기 위해 온갖 노력을 다 했다. 그리고 2001년 11월 14일, ($2^{13,466,917}-1$)이 소수라는 것이 확인되자, 전 세계에서 환호성이 터져 나왔다. 〈앗! 시리즈〉팀에서는 여러분을 위해 이 수를 이 책에 쓰려고 했지만 자릿수가 4,053,946개나 되어서 쓸 수가 없었다. 이 수 하나 쓰는 데 5,000쪽이나 필요하며, 책값이 24만 원이나 될 것이기 때문이다!

수가 커질수록 소수를 찾는 것도 힘들어질까?

우리 생각은 '그렇다' 이다. 수가 커질수록 그보다 작은 수, 그러니까 그 수를 나눌 수 있는 수가 많아지기 때문이다. 하지만 확신할 수는 없다. 우주 저 끝까지 닿을 수 있는 수, 혹은 자릿수가 수십 억 개나 되는 수를 발견했을 때 어떤 일이 일어날지 알 수 없기 때문이다. 어쨌든, 이해할 수 있는 범위 안에 있는 수에 대해서는 대충 다음과 같은 특징을 발견할 수 있다.

1과 20 사이에는 8개의 소수가 있다.
(2, 3, 5, 7, 11, 13, 17, 19)
101과 120 사이에는 5개의 소수가 있다.
(101, 103, 107, 109, 113)
1,001과 1,020 사이에는 3개의 소수가 있다.
(1,009 1,013 1,019)
10,001과 10,020 사이에는 2개의 소수가 있다.
(10,007과 10,009)

100,001과 100,020 사이에는 2개의 소수가 있다.
(100,003과 100,019)
1,000,001과 1,000,020 사이에는 1개의 소수가 있다.
여기서 깜짝 퀴즈! 이 소수는 무엇일까?

답 : 1,000,003이다. 소수이니까(혹시 1,000,009가 수수리 생각할
사람? 아쉽게도 이것은 293×3,413이 있다.)

소수에서 가장 슬픈 사실은?

가장 슬픈 사실은 수학자들이 소수를 '사랑한다'는 것이다. 그 슬픔 없이는 사랑의 감정을 가질 수 없는 법! 그럼 수학자들이 가장 좋아하는 꿈의 소수는 무엇일까?

이 소수가 왜 그렇게 가슴을 뛰게 하냐고? 어떤 것이든 나란히 있는 두 자리 수에 동그라미를 쳐 보면, 그 수가 모두 소수이기 때문이다. 그럼 여기서 이 책의 그림을 담당한 필립 리브는 어떻게 했는지 보자.

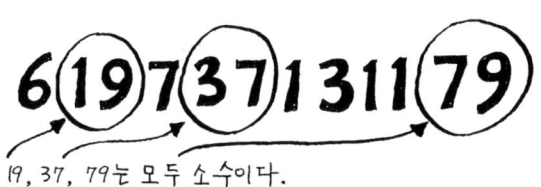

19, 37, 79는 모두 소수이다.

또한 이 소수가 사랑스러운 이유는 안에 들어 있는 작은 소수들이 모두 다르기 때문이다. 이런 규칙이 똑같이 적용되는 소수 중에서 가장 작은 것은 113이며(나란히 있는 두 자리에 동그라미를 치면, 11 아니면 13이 된다), 가장 큰 것은 619,737,131,179이다.

수학자들은 종류가 다른 소수마다 다른 이름을 붙였다. 앞에서부터 쓰기도 하고 뒤에서부터 쓰기도 했으며, 뒤집기도 하고, 장난을 치며 놀기도 하고, '앉아', '서', '굴러' 같은 명령을 듣게 하고, 심지어는 소파에서 자는 법도 가르쳤다.

하지만 그럴수록 가슴은 더 찢어졌다. 왜냐하면 가장 작은 소수가 뭔지 결정할 수도 없었으며, 가장 큰 소수도 찾지 못했기 때문이다. 그래서 너무 슬펐다!

여러분도 1,000,000달러를 딸 수 있다

그렇다, 여러분도 할 수 있다. 절대 농담이 아니다!

1742년, 크리스티안 골드바흐라는 사람은 두 개의 소수를 서로 더하면 어떤 짝수도 만들 수 있다는 생각을 하게 되었다. 예를 들어, 20=3+17 혹은 36=7+29.

이것을 골드바흐의 추측이라고 한다. '추측'이라고 한 것은 모두 이것을 사실이라고 생각하지만 아무도 이것이 사실인지,

혹은 사실이 아닌지 확신하지 못하기 때문이다. 무척 간단해 보이는 이 추측을 풀기 위해 위대한 수학자 몇 명이 몇 년씩 여기에 매달렸다. 그런데 이 문제를 해결하는 사람에게 상금을 준다는 사람이 나타나면서(사실 이런 일은 흔히 있는 일이었다) 상황이 더 심각해졌다. 〈앗! 시리즈〉팀에서 확인한 바에 의하면, 어떤 책의 출판인*이 1,000,000달러를 상금으로 제시했다. 따라서 혹시 이번 주 용돈이 좀 부족하다면, 두 개의 소수를 더하면 어떤 짝수도 만들 수 있다는 것을 증명하면 된다. 아니면 두 개의 소수로 만들 수 없는 짝수를 하나 찾으면 된다.

*〈앗! 시리즈〉팀에서는 이렇게 쓸모없는 일에는 한 푼도 제공할 생각이 없음을 알려드립니다. 하지만 혹시 영원히 변하지 않는 초콜릿이나 제트 로켓 부츠 혹은 투명인간이 되는 약 같은 아주 중요한 것을 발명하게 되면 연락하기 바랍니다. 상금을 드릴 테니까 말이죠.

지유('지' 루하지만 '유' 용한) 섹션

다음은 어떤 수가 2부터 13까지의 수로 나누어지는지 알아보는 테스트 방법이다. 각각의 테스트에는 하나 혹은 그 이상의 표시가 있는데, 각 표시의 의미는 다음과 같다.

 머리가 필요하지 않다.

 케이크 한 조각을 먹는 것 같다(그만큼 쉽다).

 이 문제를 푸는 당신은 펭귄만큼 멋지다.

 조금 지루하다.

2. 짝수(다시 말해, 끝자리가 0, 2, 4, 6, 8로 끝나는 수)는 모두 2로 나누어진다. 정말 쉽군!

3. 그 수의 자릿수를 모두 더한다. 8,749,788의 경우를 예로 들면 8+7+4+9+7+8+8=51이다. 이것을 다시 한 자릿수가 되도록 더한다. 즉 5+1=6이 된다(이것을 그 수의 '디지털 루트'라고 한다). 디지털 루트가 3으로 나누어지면 그 수도 3으로 나누어진다. 여기에서는 6이 3으로 나누어지므로 8,749,788 역시 3으로 나누어질 것이다.

4. 마지막 두 자릿수를 보자. 만약 10자릿수가 짝수이고, 마지막 자릿수가 0이나 4 혹은 8인 경우 그 수는 4로 나누어진다(35,784의 경우, 10자리가 짝수 8이고 마지막 자릿수가 4이므로 35,784는 4로 나누어질 것이다). 만약 10자릿수가 홀수라면 마지막 수는 2나 6이 되어야 4로 나누어진다(476은 4로 나누어지지만 9,734는 4로 나누어지지 않는다).

5. 마지막 자릿수가 0이나 5로 끝나면 5로 나누어진다.

6. 짝수이며 동시에 3으로 나누어지면 6으로 나누어진다.

7   문제의 수에서 마지막 자릿수만 따로 떼 내어 2를 곱한 다음, 나머지 자리의 수에서 그 수를 뺀다. 만약 답이 7로 나누어지면(혹은 0이거나), 처음의 수도 7로 나누어진다! 119를 예로 들어 보면 9×2=18. 따라서 11-18=-7이다. 이것은 7로 나누어지므로(마이너스가 나와도 겁내지 말자) 119 역시 7로 나누어진다.

8 주어진 수의 마지막 3개의 자릿수를 본다. 100자리의 수가 짝수이고 마지막 두 자릿수가 8로 나누어지면, 처음 주어진 수 역시 8로 나누어진다. 만약 100자리의 수가 홀수라면 마지막 두 자릿수는 '8이 아니라' 4로 나누어져야만 처음의 수가 8로 나누어진다(따라서 3,540은 8로 나누어지지 않지만 3,544는 8로 나누어진다).

9 디지털 루트를 계산한다(3을 확인할 때 했던 것처럼). 디지털 루트가 9가 나오면 처음 주어진 수 역시 9로 나누어진다. 846의 경우를 보면, 8+4+6=18 그리고 1+8=9이다. 따라서 846은 9로 나누어질 것이다.

10   끝자리가 0이어야만 10으로 나누어진다.

11　　각 자릿수의 앞에 +와 - 부호를 교대로 붙인다. 64,548의 경우 +6-4+5-4+8이 된다. 그런 다음 이것을 모두 계산해서 어떤 수가 나오는지 본다. 답이 0이거나 11로 나누어지면 처음의 수도 11로 나누어진다. 여기에서는 6-4+5-4+8=11이다. 따라서 64,548 역시 11로 나누어진다.

12　　3으로도 나누어지고 4로도 나누어지는 수는 12로 나누어진다.

13　　문제의 수의 마지막 자릿수에 9를 곱한다. 나머지 자릿수에서 그 답을 뺀다. 그래서 나온 값이 13으로 나누어지면 원래의 수 역시 13으로 나누어진다! 자, 754로 테스트해 보자. 끝자릿수인 4에 9를 곱하면 4×9=36. 그런 다음 나머지 자릿수에서 36을 빼면 75-36=39. 이것은 13으로 나누어지므로 원래의 수인 754 역시 13으로 나누어진다.

그럼 이번에는 특별 보너스……

19　　어떤 수가 19로 나누어지는지도 미리 알 수 있다! 마지막 두 자릿수를 가져와서 4를 곱한 다음 그 답을 나머지 자릿수에 합한다. 그렇게 나온 값이 19로 나누어지면 원래의 수도 19로 나누어진다. 6,935로 테스트해 보자. 35×4=140. 그러므로 여기에 나머지 자릿수를 합하면 69+140=209. 아직

수가 크므로, 이럴 때는 처음부터 다시 반복한다!
9×4=36. 이제 36+2=38. 이것은 19로 나누어지
므로 6,935 역시 19로 나누어진다!

수학자의 일상생활

호기심 가게

"딸랑딸랑." 꼬마가 문을 열고 들어가자 종이 울렸다.

"저희 가게에 오신 걸 환영합니다." 가짜 코를 한 노인이 카운터 뒤에서 말했다.

"할아버지는 코가 왜 그래요?" 이상하게 생각한 꼬마가 물었다.

"그야 물론 가짜 턱수염을 고정하기 위한 거지!"

뒤를 돌아보자 한눈에 뭔가 이상하다는 것을 알게 되었다. 그중에는 지금까지 보았던 그 어떤 퍼즐이나 수수께끼보다도 놀라운 것이 있었다. 그것은 바로 이것이었다.

마지막 한 자릿수

두 자릿수를 아무거나 고른다. 각 자리의 수를 서로 곱한 다음 그 값이 한 자리가 될 때까지 곱하기를 계속한다(예를 들어 34는 3×4=12, 그런 다음엔 1×2=2).
이렇게 한 자릿수가 나올 때까지 가장 오래 계산을 해야 하는 두 자릿수는?

괴상한 분수

분수를 간단하게 바꾸려면 대개는 분모와 분자에 같은 수를 곱한다. $\frac{12}{24}$의 경우에는 분모와 분자에 12를 곱하면 $\frac{1}{2}$이 된다. 하지만 분모와 분자에 있는 2를 서로 대각선으로 없애서는 안 된다. 이렇게.

$$\frac{1\cancel{2}}{\cancel{2}4} = \frac{1}{4} \quad \longleftarrow \text{이렇게 하면 안 된다.}$$

하지만 분모와 분자에 있는 같은 숫자를 대각선으로 없애도 되는 특별한 경우가 몇 가지 있다! 직접 확인해 보면……

$$\frac{16}{64} = \frac{1\cancel{6}}{\cancel{6}4} = \frac{1}{4} \qquad \frac{19}{95} = \frac{1\cancel{9}}{\cancel{9}5} = \frac{1}{5}$$

$$\frac{49}{98} = \frac{4\cancel{9}}{\cancel{9}8} = \frac{4}{8} = \frac{1}{2}$$

이렇게 할 수 있는 경우가 또 있을까?(분모와 분자, 모두 100 이하인 경우에 한해서)

카프레카 씨의 놀라운 실험

이건 정말 놀라운 실험이다! 네 자리 수를 아무거나 고른 다음 (각 자리의 숫자가 모두 같으면 안 된다) 이렇게 해 보자.
- 각 자리의 숫자를 높은 순서대로 옮긴다.
- 각 자리의 숫자를 낮은 순서대로 옮긴다.
- 높은 순서로 쓴 수에서 낮은 순서로 쓴 수를 뺀다.
- 이렇게 나온 값을 다시 처음부터 반복한다.
- 그러다 보면 결국 6,174를 만나게 된다.

네 자릿수를 고른다. **9189**

높은 순서대로 숫자를 옮긴다. → **9981**
낮은 순서대로 숫자를 옮긴다. → **1899**
그런 다음 뺀다. → **8082**

높은 순서대로 쓴다. **8820**
다시 낮은 순서대로 쓴다. **0288**
뺀다. → **8532**

6,174가 나올 때까지 계속한다. →
$$8532 - 2358 = 6174$$

만약 한 번 더 하면…
$$7641 - 1467 = 6174$$

만약 세 자리 수로 같은 계산을 하면 결국엔 어떤 수가 나오게 될까?

끝자릿수의 규칙

8×8을 하면 64가 나온다. 끝자리의 숫자에 다시 8을 곱하면 4×8=32. 끝자리의 숫자에 8을 곱하면 2×8=16. 끝자리 숫자에 8을 곱하면 6×8=48. 끝자릿수는 다시 8로 돌아온다! 이런 식으로 계산하면 끝자릿수는 이런 규칙을 갖고 있다 8-4-2-6-8-4-2-6-8-4-2-6-8……
2를 가지고 해 보면 2×2=4 여기에 2를 곱하면 4×2=8 다음에는 8×2=16 다음에는 6×2=12. 그 규칙을 보면 2-4-8-6-2-4-8-6-2-4-8-6…… 이것은 8의 규칙을 거꾸로 한 것과 같다.
이제 이 게임을 1부터 9까지의 다른 숫자를 가지고 해 보자. 8과 2처럼 한 숫자의 규칙이 다른 숫자에서는 거꾸로 나타나는 숫자 커플을 찾을 수 있을까?

고집 센 수

526,315,789,473,684,210에 2와 18 사이의 어떤 수를 곱하면, 이 수와 숫자의 순서가 똑같은 수를 얻게 된다. 여기서 말하는 어떤 수는 무엇일까? 힌트: 전체 자릿수는 다르다. 그리고 끝에는 0이 하나 더 붙어 있다. 자, 여러분도 직접 해 보자. 만약 7을 곱하면 어떻게 될까?
한 마디 덧붙이면, 1÷19=0.0526315789473684210……이다.

"재미있게 구경 잘했어?" 커다란 플라스틱 코를 한 할아버지가 말했다. 그가 들고 있는 책에는 이런 제목이 붙어 있었다.

'해법'.

"네, 고맙습니다. 그런데 그 책에서 답을 한두 개 찾아보고 싶어요!"

"하하!" 악마 같은 웃음이 터져 나왔다. 할아버지가 가짜 코와 가짜 턱수염을 떼어 내자 그곳엔 뜻밖의 사람이 서 있었다. 바로 모든 인류의 적, 찰거머리 박사였다.

"사람들을 속이려고 일부러 변장을 했지!"

오, 이런. 바보같이 깜빡 속아 넘어갔군. 하지만 아직까지는 괜찮다고 생각한 꼬마는 마음을 가라앉히고 박사를 알아보지 못하는 척했다.

"무슨 말씀이세요?" 꼬마는 공손하게 말했다. "혹시 전에 뵌 적이 있었나요?"

"물론 너는 나를 수학에서 최악의 악몽이라고 생각할 거야!" 박사가 낄낄 웃었다.

"음…… 바보 같은 고무 귀를 떼어 낸다면 그럴지도 모르죠." 꼬마가 말했다.

"이건 고무 귀가 아니라 진짜 내 귀란 말이야!" 박사가 소리쳤다.

"오!" 꼬마는 놀라서 말했다. "그럼 누렇게 생긴 이빨이 가짜인가 보군요."

"이것도 모두 진짜야!" 박사가 침을 튀기며 말했다.

"제가 졌어요. 그런데 멍청하게 생긴 안경은 물론이고, 작아서 터질 것 같은 가발도 도움이 전혀 안 되네요. 그 냄새 때문에……."

"그만 해!" 박사는 소리치더니 상자를 뜯어서 쇠사슬을 꺼냈다. "넌 이제 내 발명품을 처음으로 사용하는 사람이 될 거야!"

"넌 숫자로 된 이 쇠사슬을 끊어야만 이 책을 볼 수 있어."
그런데 진짜 악마 같은 순간은 지금부터였다! 꼬마는 문제의 답을 구할 때까지는 잠을 잘 수 없는 운명에 처해진 것이다.

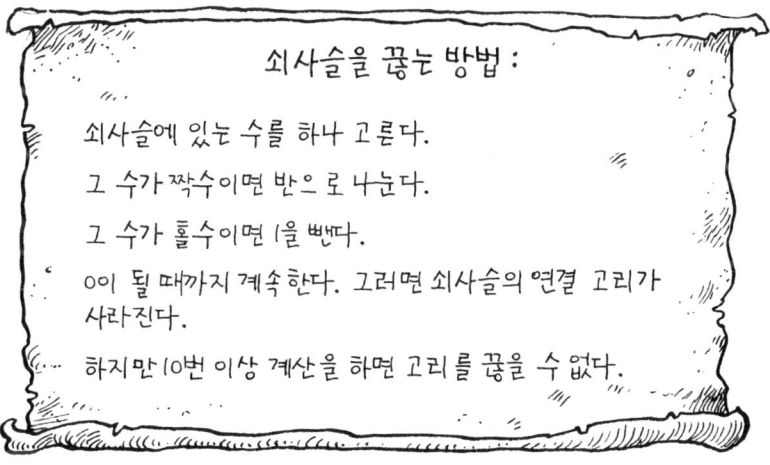

쇠사슬을 끊는 방법:

- 쇠사슬에 있는 수를 하나 고른다.
- 그 수가 짝수이면 반으로 나눈다.
- 그 수가 홀수이면 1을 뺀다.
- 0이 될 때까지 계속한다. 그러면 쇠사슬의 연결 고리가 사라진다.
- 하지만 10번 이상 계산을 하면 고리를 끊을 수 없다.

꼬마는 쇠사슬을 끊을 수 있을까? 여러분은?

마법의 손가락

1부터 10까지 세거나 7-3과 같은 계산을 한다고 생각해 보자. 다음 중 어떤 게 가장 아기 같은 방법일까?
- 손가락으로 계산한다.
- 동시에 양쪽 발을 입에 문다.
- 틀린 답을 말한다.
- 계산기를 사용한다?

손가락을 쓰는 건 좀 안돼 보이긴 하지만 꽤 좋은 방법이다. 만약 계산기를 쓴다면 사람들이 뭐라고 할까? 만약 자기 입이 어른들만큼 크다고 생각하는 사람은 신발을 벗고 양쪽 발을 입에 물어 보자. 단, 누가 칭찬해 주길 기대하면 오산이다.

10까지 손가락으로 곱셈하기

수학적인 마술을 조금만 안다면, 손가락으로도 곱하기를 할 수 있다! 여러분은 구구단을 1×1부터 5×5까지만 알면 된다. 그러면 6부터 10까지의 어떤 수도 곱할 수 있다. 이제 여러분의 손가락에 이런 표시가 있다고 생각해 보자.

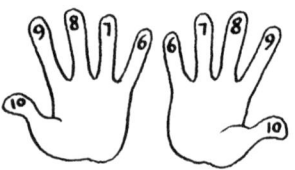

이제 두 가지 일을 따로 해야 하는데, 바로 '10자리의 수'(10단위)와 '1자리의 수'(1단위)를 따로 계산해야 한다는 것이다.

그럼 7×8을 어떻게 곱하는지 보자.

- 손을 그림처럼 편 채로 왼손의 7번 손가락과 오른손의 8번 손가락의 끝을 서로 마주 댄다.
- 서로 마주 대고 있는 손가락을 따라 기다란 벌레 한 마리가 앉아 있다고 생각한다.
- 벌레를 기준으로 그 아래에 있는 손가락(벌레가 있는 손가락을 포함해서)은 각각 10으로 계산한다. 따라서 벌레 아래에 있는 손가락의 개수를 모두 합하면 왼손 20+오른손 30=50이 된다.
- 1자리의 수를 계산하기 위해서는, 벌레를 기준으로 그 위에 있는 손가락(벌레가 있는 손가락은 빼고)의 개수를 서로 곱한다. 여기에서는 왼손에 3개, 오른손에 2개가 있으니 3×2=6이 된다.
- 10단위와 1단위를 계산한 값을 합하면 답이 된다. 여기에서는 50+6=56. 이것이 정답이다. 7×8=56이란 거지.

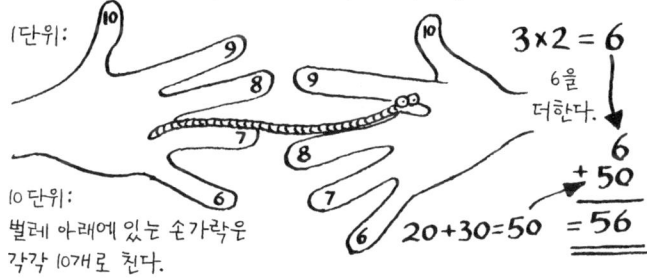

자, 솔직히 말해 보자. 어때, 정말 근사하지? 그럼 이제 6×7은 어떻게 하는지 보자.

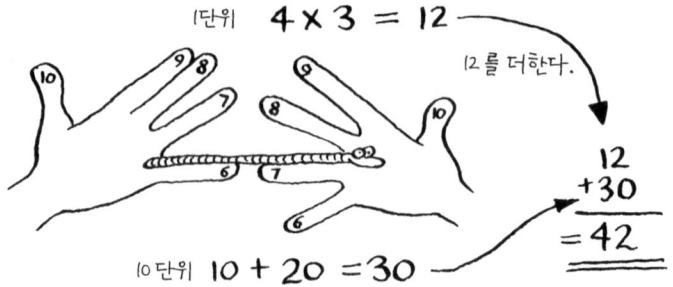

15까지 손가락으로 곱셈하기

놀랍게도, 여러분은 손가락을 이용하면 11부터 15 사이에 있는 수는 어떤 것이든지 서로 곱하기를 할 수 있다. 물론 방법은 조금 다르다. 우선 12×14를 한다고 생각하자. 그리고 손가락에 11부터 15까지 번호가 매겨져 있다고 생각하고 12(왼손)인 손가락과 14(오른손)의 손가락 끝을 서로 마주 댄다. 이렇게 하면 아주 빨리 계산할 수 있다.

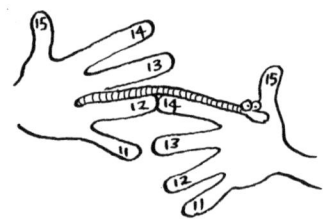

13×13이나 15×11 같은 다른 계산을 해 보자. 이때 1단위를 계산할 때도 벌레 아래에 있는 손가락을 사용한다는 걸 기억해야 한다. 그리고 추가로 100을 더해야 한다는 것도.

20까지 손가락으로 곱셈하기

놀라지 마시라! 여러분은 17×19 같은 계산도 할 수 있다!

우선 손가락에 16부터 20까지 번호가 매겨져 있다고 생각한 다음 17(왼손)과 19(오른손)의 손가락 끝을 서로 마주 댄다. 그리고 이렇게 한다.

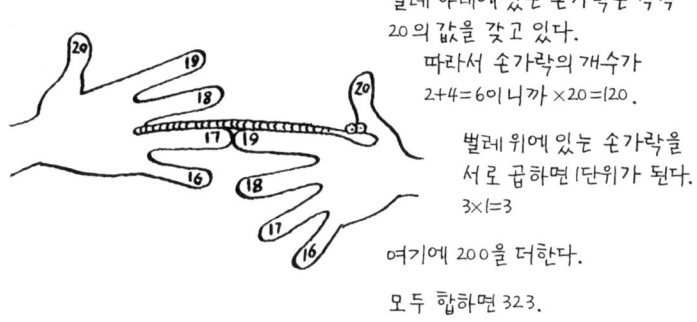

이번에는, 벌레 아래에 있는 손가락은 각각 20의 값을 갖고 있다(손가락 하나가 20개라고 생각하는 거지). 그리고 1단위는 벌레 위쪽에 있는 손가락을 사용한다. 마지막으로 200을 더하면 답이 나온다.

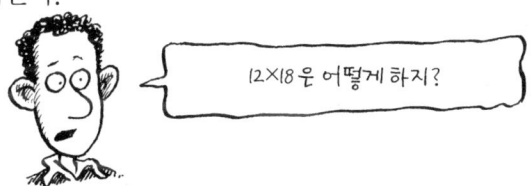

여러 범위에 있는 수가 서로 섞여 버린다면 인생은 좀 더 복잡해질 것이다. 손가락 개수를 늘이는 끔찍한 성형수술을 받지 않는 한······.

손가락으로 이야기하기

브렛과 릴이 가진 카드에 있는 숫자처럼 손가락으로 1부터 10까지의 수를 나타내는 것은 무척 쉬운 일이다. 그럼 그보다 큰 수는 어떨까?

이쯤에서 솔직해지자. 15를 표현하기 위해 한쪽 다리로 서서 한쪽 발가락까지 들어 올리는 것은 별로 멋진 생각이 아니다. 만약 스파이 짓을 하던 바텐더에게 도와줄 친구가 있었다면, 바텐더는 릴이 갖고 있던 특별한 카드 2장을 좀 더 간단하게 표현했을 것이다.

바텐더는 1단위를 나타내고, 웨이트리스는 10단위가 몇 개인지 말하고 있다. 이건 간단한 방법이다. 하지만 과연 릴은, 두 사람이 자기 등 뒤에서 신호를 보내도록 내버려둘까?

오, 이런. 이제 바텐더는 9를 어떻게 나타내야 하지? 전에는 손가락 9개를 들어 올리면 됐지만, 이젠 손가락에 붕대를 감고 있어서, 기껏해야 8까지밖에 표현할 수 없는데? 답은 '나타내야 할 수에 8이 몇 개나 들어가는지, 웨이트리스가 손가락으로 표현하면 된다' 이다. 그럼 두 사람이 이번엔 릴의 카드를 어떻게 나타내는지 보자.

8이 1번 + 1단위 는 7개
$1 \times 8 + 7 = 15$

8이 7번 + 1단위 는 3개
$7 \times 8 + 3 = 56 + 3 = 59$

8진법

우리는 보통 수를 쓸 때 10을 기준으로 생각한다. 무슨 말인가 하면, 10보다 작은 수에 0, 1, 2, 3, 4, 5, 6, 7, 8, 9라는 기호를 붙여서 쓴다는 것이다. 하지만 10을 쓸 때는 다른 특별한 기호를 쓰지 않고 '1'과 '0'을 같이 붙여서 쓴다. 그리고 두 자릿수를 쓸 때는 왼쪽에 있는 숫자는 10단위라고 해서 10배의 값을 가진다. 365처럼 좀 더 긴 수의 경우, 각 자리에 있는 숫자의 값은 바로 뒤에 있는 자릿수보다 10배 더 크다.

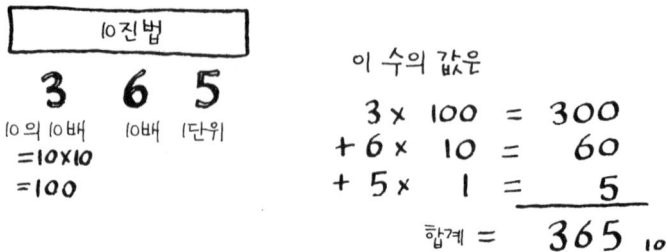

(만약 10진법을 사용한다는 것을 알리고 싶을 때는 수 뒤에 작게 10이라고 써야 한다. 이렇게 365₁₀. 이렇게 하면 다른 기준을 사용한 것과 헷갈리지 않는다.)

우리는 10개의 손가락을 갖고 있기 때문에 수를 말할 때 10을 기준으로 하는 것을 당연하게 생각한다. 하지만 바텐더나 웨이트리스의 경우(앞에서 뱀에게 물린 사실, 기억나겠지?)엔 손가락 한두 개를 쓰지 못하기 때문에 8을 기준으로 하는 8진법을 써야만 한다.

8을 기준으로 할 때는 8개의 숫자 기호만이 쓰인다. 0, 1, 2, 3, 4, 5, 6, 7. 만약 8을 쓰고 싶다면 '1'과 '0'을 같이 써서 10으로 나타내야 한다. 그리고 왼쪽에 있는 자리 수는 오른쪽에 있는 숫자보다 8배 더 크다.

조심해야 하는 몇 가지 사항 : 8을 기준으로 했을 때 '10'을 썼다면 이것은 열 개가 아니므로 열 혹은 10이라고 부르면 안 된다. 여덟 혹은 8이라고 해야 한다! 그리고 8을 기준으로 해서 '365'라고 썼다면, '3'은 '8의 8배의 자리'에 있으므로 3×64와 같다. 그럼 365_8이 10을 기준으로 했을 때는 값이 얼마가 되는지 보자.

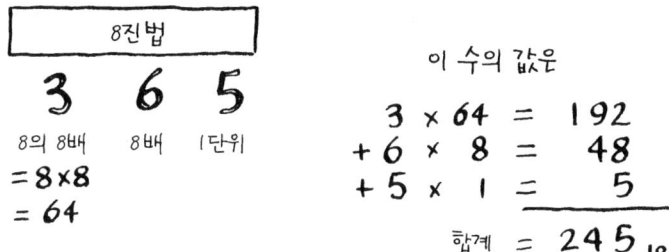

그렇다! $365_8 = 245_{10}$이다. 좀 이상해 보이긴 하겠지만 '365'는 8진법에서는 전혀 다른 값을 갖는다. 다시 말해 365_8은 1년을 이루는 날 수가 아닌 것이다! 앞에서, 웨이트리스와 바텐더는 손가락 10개로 릴이 '클로버 59'를 가졌다는 것을 설명하려고 했다. 손가락 5개와 9개를 펼쳐서 말이지. 하지만 뱀에게 물리는 바람에 손가락을 8개밖에 쓸 수 없었기 때문에 하는 수 없이, 각각 손가락 7개와 3개를 펼쳤다. 왜냐하면 $73_8 = 59_{10}$이니까.

할로윈이 크리스마스가 될 때

8을 기준으로 하는 것을 '8진법'(영어로는 octal)이라고 하며, 10을 기준으로 하는 것을 '10진법'(영어로는 decimal)이라고 한다. 그래서 $73_8 = 59_{10}$이라고 쓰는 대신 줄여서 이렇게 쓰기도 한다. oct 73=dec 59. 여기 재미있는 사실이 있다.

oct 31=dec 25.

oct와 dec는 달력에서도 볼 수 있는데, 이때 oct는 10월, dec는 12월을 말한다.

그러니까 10월 31일=12월 25일이라는 거지. 즉 할로윈데이가 크리스마스라는 말이지. 못 믿겠다고? 그럼 달력을 확인해 보자!

다른 진법들

10진법은 1500년 전 인도에서 시작되었다. 그 뒤 10진법은 조금씩 발전했는데, 특히 아라비아의 무역상들의 공이 컸다. 그럼 당시에는 어떤 수학 기호를 썼는지 보자.

인　도　123845790 0

아라비아　1234567890 0

10진법이 사용된 것은 우리에게 손가락이 10개 있기 때문이었다(원래는 손가락으로 수를 세었으니까). 하지만 10진법 말고 다른 방법도 사용되었다. 그중 20진법은 손가락과 발가락 개수를 모두 합하면 20인 것에서 시작되었다. 20진법에서 각 자릿수는 바로 오른쪽에 있는 자리의 값보다 20배가 컸다. 그래서 10진법에서의 80을 20진법에서는 40으로 표시했다. 프랑스에서는 아직도 20진법의 흔적이 남아 있는데, 80을 뜻하는 프랑스어 'quatre-vingts'('꺄트르 뱅'이라고 읽으면 된다)은 4개의 20을 말한다.

하지만 진짜 멋지게 수를 세는 방법이 궁금하다면 4000년 전에 바빌로니아 사람들이 사용한 60진법을 보면 된다. 바빌로니아 사람들은 작은 화살촉 모양의 기호를 사용해 59까지 세었으며, 60을 세기 위해서는 '10'을 자신들의 방식으로 사용했다. 그럼 바빌로니아 사람들은 15,834를 어떻게 썼는지 보자.

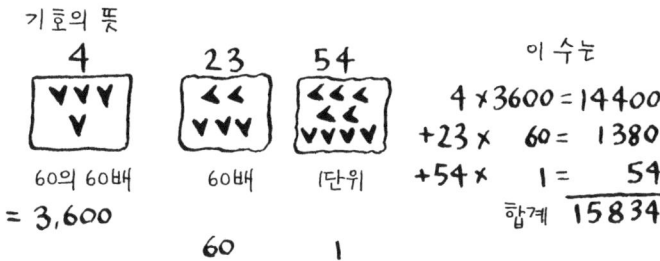

그럼 왜 사람들은 60을 기본으로 수를 세었을까?

바빌로니아 사람들은 60진법으로 17자리나 되는 수의 끔찍한 계산을 했다. 오늘날의 10진법으로 하면, 이들의 수는 30,000,000,000,000,000,000,000,000,000에 이르기도 했다. 물론 계산기를 전혀 사용하지 않고 말이다! 그런데 혹시 왜 우리가 60초를 1분이라고 하고, 60분을 1시간이라고 하는지 아는 사람? 그렇다. 여러분의 짐작대로 모두가 바빌로니아 사람들 덕분이다.

전 세계의 여러 나라 사람들은 다양한 방법으로 수를 세고 있다. 외딴 곳에 떨어져 사는 부족들은 자신들만의 수 세는 방법을 개발했는데, 예를 들어 한 손에 있는 손가락 수를 기본으로 한 5진법과, 손가락의 마디를 기본으로 한 3진법도 그런 방법 중 하나이다. 슬프게도 이런 부족들은 대부분 크고 힘센 나라로 흡수되었다. 청바지를 입고, 플라스틱 병을 들고 다니고, 휴대전화기로 이야기하고, 10진법을 쓰는 사람들의 나라로. 하지만 그렇다고 해서 10진법이 다른 계산법을 모두 장악했다는 말은 아니다!

수를 세는 장치 중에서 아주 큰 게 하나 있었는데, 이 정치에는 손가락이나 발가락 혹은 마디 같은 것은 없고 스위치만 있었다. 이 기계장치에는 아주 특별한 계산 방법이 사용되었는데, 그것은 바로……

컴퓨터

옛날에는 컴퓨터의 크기가 교회만 했으며, 안에는 커다란 자석과 전선, 뜨거운 밸브 같은 것으로 가득 차 있었다. 그리고 때론 꽝 하는 소리가 나기도 했다. 멋진 모니터 화면도 없었고, 마우스에 따라 화살표가 이리저리 움직이지도 않았으며, 뭔가를 표시하고 싶을 때에는 오직 몇 개의 전구 불빛이 켜졌다 꺼졌다 하기만 했다.

만약 여러분의 컴퓨터에 전구 하나만 있다면, 그 전구는 두 가지 대답만 할 수 있다('네' 아니면 '아니오'). 즉 물을 수 있는 질문이 아주 제한되어 있다는 뜻이다.

문제는 1+1과 같은 게 뭐냐고 물으면 전구 하나로는 '2'를 대답할 수 없다는 것이다. 하지만 컴퓨터가 전구 2개 달린 '자동계산 디럭스'라면 이렇게 할 수 있을 것이다.

더욱 놀라운 것은 1+2도 계산할 수 있다는 사실!

컴퓨터는 2를 기준으로 하는 2진법 체계를 갖고 있다. 따라서 각 자리의 수는 바로 오른쪽에 있는 자릿수보다 2배 크다. 바로 위 그림에서 컴퓨터에 전구 두 개의 불을 다 켠 것은 하나의 '2'와 하나의 '1'을 뜻하는 것이므로 모두 3이라는 말이다. 이런 2진법에는 좋은 점과 나쁜 점이 있다. 좋은 점은 불만 켰다 껐다 하면 어떤 수도 표시할 수 있다는 것이다. 나쁜 점은 전구가 아주 많이 필요하다는 것이다!

'자동계산 미러클'에는 전구가 7개 있으며, 각 전구가 뜻하는 수는 다음과 같다.

여러분은 각 전구의 수가 왼쪽으로 갈수록 2배로 커진다는 사실을 눈치 챘을 것이다. 그리고 64, 8, 4, 1이라고 표시된 전구가 켜져 있다는 사실을 알았을 것이다. 따라서 지금 이 컴퓨터는 64+8+4+1=77을 나타내고 있다.

그럼 이 컴퓨터로 다른 수는 어떻게 계산할 수 있을까? 2진법에서는 수를 어떻게 나타낼까?

수	각 전구가 나타내는 수							2진법
	64	32	16	8	4	2	1	
2	●	●	●	●	●	○	●	10
5	●	●	●	●	○	●	○	101
31	●	●	●	○	○	○	○	11111
32	●	○	●	●	●	●	●	100000
100	○	○	○	●	●	●	●	1100100
127	○	○	○	○	○	○	○	1111111

요즘 컴퓨터는 위 그림처럼 재미있지는 않다. 하지만 작동하는 원리는 아주 비슷하다. 컴퓨터는 아주 많은 4자리의 2진법 수를 사용한다. 가장 작은 수는 0000으로, 이것은 0을 뜻한다. 그리고 가장 큰 수는 1111로, 이것은 15이다. 하지만 사람들이 계산을 하기 위해 프로그램을 만들 때는 1과 0을 엄청나게 많이 두드려야 하는데, 이것은 정말 지루한 일이다. 그래서 컴퓨터는 16을 기준으로 하는 16진법을 사용하고 있다. 재미있는 것은 16진법에서의 '10'은 16을 뜻한다는 사실이다. 그럼 열, 열하나, 열둘, 열셋, 열넷 그리고 열다섯은 어떻게 나타낼까? '영어 철자인 A, B, C, D, E 그리고 F를 사용한다.' 이것이 답이다. 그럼 16진법에서는 수를 어떻게 쓰는지 보자.

10진법	1	2	3	4	5	6	7	8	9	10	11	12	13	14	15	16
16진법	1	2	3	4	5	6	7	8	9	A	B	C	D	E	F	10

10진법	17	20	31	32	33	100	200	255	256	4095
16진법	11	14	1F	20	21	64	C8	FF	100	FFF

이상한 계산

혹시 공학용 계산기를 갖고 있다면 어떤 수를 기본으로 할지 계산기에서 고를 수 있다. 여러 가지 진법으로 계산해 보면 무척 골치 아프면서도 재미있는 결과를 얻을 수 있다!

'Dec'라고 쓰여 있는 버튼은 일반적인 10진법을 말한다.

'Bin'이라고 쓰여 있는 버튼은 2진법이다.

'Oct'라고 쓰여 있는 버튼은 8진법이다.

'Hex'라고 쓰여 있는 버튼은 16진법이다.

(컴퓨터로 계속 계산하고 싶다면, 프로그램/보조 부분에서 계산기를 클릭하면 된다. 그런 다음 계산기를 공학 모드로 바꾸면 어떤 진법이든 고를 수 있다.)

'Bin' 모드에서는 숫자를 0이나 1만 입력할 수 있으며 8이나 9는 입력할 수 없다. 하지만 'Hex' 모드에서는 모든 숫자는 물론 A에서 F까지의 영어 철자도 입력할 수 있다.

그럼 몇 가지 이상한 실험을 해 보자.

- 아주 큰수를 입력한 다음 진법을 바꾼다. 예를 들어 Dec 모드에서의 1234는 Bin 모드에서는 10011010010, Oct 모드에서는 2322 그리고 Hex 모드에서는 4D2가 된다.

- 2989, 4011과 57007 BAD 그리고 FAB와 DEAF는 각각 어떤 진법에 나오는 값일까? 각각의 값을 10진법으로 확인해 보자.
- 2진법(Bin)에서 11×11을 해 보자. 그리고 같은 계산을 다른 진법에서도 해 보자. 각각의 답이 얼마나 다른지 알 수 있다!
- 구구단에 있는 기본적인 계산(예를 들어 6×7이나 5×5 같은) 몇 가지를 8진법(Oct)과 16진법(Hex)에서 해 보자. 답을 보면 여러분은 깜짝 놀라게 될 것이다!

손가락 수

바텐더는 손가락 10개를 모두 쓸 수 있게 되자 2진법의 0부터 1,023까지 모든 수를 나타낼 수 있게 되었다. 다음은 각 손가락의 값이다.

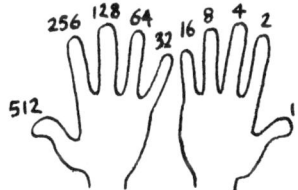

그래서 릴이 다이아몬드 947 카드를 들었을 때, 브렛은 즉시 알 수 있었다.

마지막 메시지

우리는 이번 장에서 10개의 손가락을 갖고 있다고 이야기해 왔다. 하지만 엄지손가락 두 개와 손가락 여덟 개를 갖고 있다고 〈앗! 시리즈〉 팀에 편지를 보내는 사람이 있을지도 모르겠다. 그런 사람에게는 〈앗! 시리즈〉 사무실에 나무꾼 우르굼이 갖고 있던 오래된 계산 문제 제거기가 있다는 사실을 알려 드리고 싶다. 그 기계는 이제 어떤 계산도 할 수 없지만 대신 귀찮은 편지가 오면 아주 이상한 방법으로 처리를 한다.

완전 쓸모없는 수

수학에서 가장 확실하게 쓸모없는 것 중 하나가 완전수이다. 어떤 수가 완전수가 되려면 한 가지 조건을 만족시켜야 한다. '인수의 합과 같아야 한다'는 것이다. 좀 지루하게 들리겠지만 우선 가장 낮은 완전수인 6을 보자. 6을 정확하게 나눌 수 있는 수는 (6 자신을 제외하면) 1, 2, 3이다. 6이 완전한 이유는 이들 인수를 모두 합하면 1+2+3=6이기 때문이다.

다음의 완전수는 28로, 28의 인수를 모두 더하면 이렇다. 1+2+4+7+14=28.

고대 사람들은 각자 가진 종교에 따라서 완전수에 대한 생각이 달랐다.

불행하게도, 다음의 완전수인 496을 찾기까지는 먼 길을 가야 하며, 그 다음 완전수는 더 멀어서 8,128까지 가야 한다. 따라서 이 두 수에 맞는 규칙을 찾는 건 아마도 무척 힘든 일일 것이다.

하지만 더 큰 미스터리가 있다.

완전수에 대한 탐구

사실 보통사람(우리처럼 수학자가 아닌 사람들)이 완전수가 재미있다고 생각할 때는, 완전수를 찾는 일을 그만둘 때밖에 없다. 어쨌든 방금 8,128이 완전수라는 사실을 발견했다고 치자. 그러면 수학자들은 자리에 앉아서 누가 다음의 완전수를 발견하게 될지 이야기할 게 분명하다.

수학자들은 다음 완전수를 찾을 수 있을까? 물론 최초의 완전수가 6, 28, 496, 8,128인 것을 생각해 보면 다음 완전수는 50,000 정도일 거라는 짐작은 할 수 있다. 만약 영광의 기회를 놓치고 싶지 않다면 20,000부터 시작해서 계산해 보자. 다른 수를 확인할 때마다 "이번엔 맞을 거야!" 이런 생각을 하게 됨은 물론, 밤에 잠도 잘 수 없을 정도로 흥분될 것이다. 많은 수를 확인할수록 흥분도 더해지며, 한참이 지나서야 다음의 완전수를 찾는 게 사막에서 바늘 찾기란 것을 깨닫게 된다.

100,000을 확인할 때쯤 되면 앞에서 실수한 게 분명하다는 생각이 들면서 20,000으로 다시 돌아갈 것이다. 그러고는 모두 다시 계산할 것이다. 몇 년 동안 잠도 자지 않고 두 번씩 확인하다 보면 8,128부터 100,000 사이에는 완전수가 없다는 걸 깨닫게 된다. 그리고 100,000 위의 수를 조사하기 시작할 것이다. 다음의 완전수를 찾는 여행은 이제 오스트레일리아 크기만 한 사막에서 바늘 하나를 찾는 일이 된다. 이쯤에서 우리의 이야기 주인공인 수학자는 스스로에게 이런 질문을 하게 된다.

오, 이런! 우리의 수학자는 오스트레일리아 크기의 사막에서 바늘을 찾는 게 아니라, 바늘 자체가 존재하지 않을지도 모르는 상황에 처해졌다. 하지만 거기에 없을 것 같은 무엇인가를 찾기 위해 평생을 보내는 일도, 이 사람에게는 당연한 일로 생

각되었다. 왜냐하면 수학자니까! 그렇다, 수학자들은 모두 괴짜다. 하지만 동시에 엄청난 용기를 갖고 있어서, 미칠 지경이 될 때까지 전력 질주한다. 평범한 사람들이 수학자들을 좋아하고 먹을 것을 주고 목욕을 할 수 있게 해 주는 것도 바로 이런 이유 때문이다.

우리의 주인공인 수학자는 마침내 1,000,000이란 수까지 확인했다. 1,000,000을 분해해서 인수를 찾은 다음, 모두 더했다. 그리고 한숨과 함께, 지금까지 확인했던 991,872개의 수가 그랬듯이 이번에도 완전수가 아니라는 것을 알게 되었다. 이제 정말 포기할 때가 온 것일까? 마지막 완전수는 8,128이었으며, 이미 완전수의 범위를 넘어온 게 분명했다. 우리의 수학자는 지금까지 네 개의 완전수가 있다는 것을 증명했다. 따라서 이젠 여행을 그만두기로 결심했다. 사람들에게 작별 인사를 하고, 침대로 가서 몸을 뉘었다. 하지만 잠을 잘 수가 없었다.

수학자는 잠을 자려고 노력했다. 그러다 숫자들이 멋지게 1,000,001로 미끄러져 들어가는 모습이 보였다. 인수들은 멋지게 줄지어 서더니 마침내 그 합계가 마법과도 같이 1,000,001이 되었다. 그걸 본 수학자는 이불 밖으로 뛰어나와 몇 시간 동안 미친 듯이 계산을 한 뒤에야 모두 꿈이었다는 것을 깨닫게 되었다. 1,000,001은 완전수가 아니다. 그럼 1,000,002는? 또 그렇게 계산은 계속되고, 몇 년 뒤에는…….

마침내 우리의 수학자는 완전수가 4개밖에 없다는 사실에 만족하게 되었다. 이젠 더 이상 증명할 수가 없었다. 천천히 눈꺼풀이 내려오고, 숨소리가 차분하게 가라앉으면서, 망각의 세계로 들어가는 것 같은 기분이 되었다. 그때 문을 두드리는 소리가 들렸다. 처음에는 듣지 못했지만, 잠시 후 밖에서 친구가 부르는 목소리가 들려왔다.

결국 우리의 수학자는 다음 완전수를 찾았다. 다음 완전수는 1,000만이나 혹은 1억 정도에 있는 게 아니라, 10억을 훨씬 넘는 곳에 있었다.

하지만 슬프게도 우리의 수학자는 이 사실을 아무에게도 말할 수 없다. 유령이 된 지 이미 수백 년이나 되었기 때문이다!

진실

사실 이 이야기에는 거짓말이 조금 섞여 있다. 완전수를 찾는 방법에는 몇 가지가 더 있지만 아직은 거친 흙바닥처럼 다듬어야 할 부분이 많이 있기 때문이다. 게다가 그 일이 얼마나 걸릴지는 아무도 모른다. 얼마가 걸릴지 여러분에게 힌트를 주자면, 기원전 500년 무렵 사람들은 6이 그 인수의 합과 같다는 것을 알았다. 하지만 완전수가 되기 위한 조건은 기원전 275년 유클리드라고 하는 뛰어난 학자가 다음과 같은 공식을 만들면서 처음 마련되었다.

흥분 잘하는 독자라면 아마 이 부분을 뛰어넘고 싶을지도 모르겠다. 이제부터 거듭제곱, 소수, 완전수 같은 것들을 다뤄야 하기 때문이다. 사실 이건 이미 지겨워진 칼 던지기 묘기를 보기 위해 많은 돈을 주고 서커스를 보는 것과 같다. 따라서 만약 쓸모없다고 생각되면, 바로 다음 페이지에 있는 〈슬픈 일〉 부분에서 다시 만나도 좋다. 하지만 스스로 똑똑하다고 생각된다면, 계속 읽어 나가자.

이제 여러분이 할 일은 'n' 자리에 들어갈 수를 고른 다음 공식에 넣는 것이다. 하지만 중요한 것은 괄호 안에 있는 수가 소수여야 한다는 것이다. 이 일은 n 자체가 소수일 때에만 일어날 수 있다(앞의 '소수의 규칙' 부분에 나온 메르센의 소수를 기억하자). 다른 말로 하면, 2, 3, 5, 7, 11, 13, 17, 19 등등의 소수만 넣어 볼 수 있다는 말이다.

우선 n의 자리에 2를 넣는다고 생각해 보자. 괄호 안에 있는 것을 먼저 풀면 2^2-1이 된다. 이것은 4-1이므로 3이다. 야호! 소수를 얻었다. 따라서 전체 공식에 있는 n 자리에 2를 넣어 보자. 그러면 이렇게 된다.

$2^{2-1} \times (2^2-1)$, 이것은 $2^1 \times (2^2-1)$이므로 $2 \times (3) = 6$.

우리는 이미 6이 완전수라는 것을 알고 있다. 그러니까 공식이 맞았다!

이제 n=3일 때를 계산해 보자. 괄호 안을 먼저 풀면 (2^3-1) 이것은 (8-1)=7. 역시 소수이다. 따라서 공식을 계속할 수 있으며, 이번에는 완전수인 28을 답으로 얻게 된다.

그럼 다음 소수로 계속해 보자.

● $(2^5-1)=31$은 소수이다! 따라서 n=5일 때의 공식을 풀면 2^{5-1}

$\times(2^5-1)=2^4\times(2^5-1)=16\times31=496$. 이것은 다음 완전수이다. 만세!
- $(2^7-1)=127$은 소수이다! 따라서 n=7일 때의 공식을 풀면 완전수인 8,128이 나온다.
- $(2^{11}-1)=2,047$. 하지만 안타깝게도 2,047은 23×89이므로 소수가 아니다. 자, 눈을 비비고, 기지개를 켠 다음 계속해 보자…….
- $(2^{13}-1)=8,191$. 이것은 소수이다. 따라서 n=13을 공식에 대입하면, $2^{13-1}\times(2^{13}-1)=2^{12}\times(2^{13}-1)=4,096\times8,191=33,550,336$.

됐다! 우리는 방금 위와 같은 완전수를 찾았다. 여러분은 무슨 일이 일어났는지 잘 모르겠지만, 이건 수십 억 개나 되는 커다란 수를 나누고 더하는 것보다 훨씬 빠른 것이다.

그런데 n 자리에 들어갈 다음 값은 메르센의 소수인 17, 19, 31이다. 그리고 한참 뒤에 61이 있다. 왜 그렇게 멀리 떨어져 있는지는 모르겠지만, 어쨌든 그렇다.

슬픈 일

유클리드는 2300년 전에 공식을 발명했지만, 다섯 번째 완전수를 실제로 계산하게 된 것은 1456년이 되어서였다(무려 17세기나 지난 뒤의 일이다). 그리고 커다랗고 멋진 컴퓨터가 쉬지 않고

돌아가는 현대에도, 2001년에야 39번째 메르센의 소수를 발견해서, 39번째 완전수를 풀 수 있었다. 사람들이 어떻게 했는지 잠깐 힌트를 주자면, 이것이 바로 31번째 완전수이다.

$$2^{216090} \times (2^{216091} - 1)$$

지금까지 본 것처럼 사람들은 커다란 완전수의 경우 보통 이렇게 유클리드의 공식으로 쓴다. 여러분은 어쩌면 〈앗! 시리즈〉 연구실에 있는 사람들이 너무 게으르다고 생각할지도 모르겠다. 그냥 합계를 계산하고 그 숫자만 보여 줄 뿐이기 때문이다. 여기엔 다 그만한 이유가 있다. 31번째 완전수는 자릿수가 130,099개나 되어, 그 수를 모두 쓰려면 책 한 권이 필요할 것이다! 게다가 말이 한 마디도 없고 숫자만 있기 때문에, 책을 읽는 게 참을 수 없을 정도로 지루해질 것이다.

사실 31번째 완전수는 그리 큰 것도 아니어서, 39번째 완전수에 비하면 새 발의 피라고 할 수 있다. 39번째 완전수는 자릿수가 8,200,000개나 되어서, 이 수를 다 쓰려면 이런 책을 60권이나 쓰고도 남는다.

완전수의 진실

- 완전수를 아무것이나 쓴 다음 인수를 모두 적는다(만약 완전수 6을 쓴다면 인수 6, 3, 2, 1을 적으면 된다). 인수의 위에 1을 적어서 모두 분수로 만든 다음 모두 더한다. 그러면 답은 항상 2가 된다!
  여기에서는 $\frac{1}{6}+\frac{1}{1}+\frac{1}{2}+\frac{1}{3}=2$
  이번에는 28을 가지고 해 보자.
  $\frac{1}{1}+\frac{1}{2}+\frac{1}{4}+\frac{1}{7}+\frac{1}{14}+\frac{1}{28}=2$
  만약 33,550,336으로 해 보면 분명히…… 머리가 엄청 아플 것이다.
- 모든 완전수는 삼각수이다.
- 6을 제외한 모든 완전수는 홀수의 세제곱을 순서대로 늘어놓아 합한 것이다. 무슨 말인가 하면, $28=1^3+3^3$이고 $496=1^3+3^3+5^3+7^3$이다. 33,550,336을 확인해 보면 $1^3+3^3+5^3$ …… 그렇게 계속되다가 $+127^3$까지 이어진다.
- 완전수는 끝자리가 6 아니면 8로 끝난다.
- 완전수에서 1을 빼면 9로 나누어진다(6을 제외하고).
- 완전수는 아무런 쓸모가 없다.

유명해질 수 있는 첫 번째 기회

이 책을 읽다 보면 종종 세계적으로 유명해질 수 있는 기회를 얻게 된다. 그리고 그것을 증명하면 여러분은 겨우 십대지만 절대 잊히지 않을 수학자로서 이름을 남기게 된다. 이번 장에서는 그런 기회가 한 번이 아니라 두 번이나 주어진다. 그러니 잘 보도록.

첫 번째 기회 : 유클리드 공식에서 나오지 않는 완전수를 찾을 수 있을까? 만약 그럴 수만 있다면 여러분은 사람들이 달나라에 살게 될 때까지 유명해질 것이다!(아마 다른 사람은 지금까지 찾아내지 못한, 작고 근사한 완전수가 여러분을 기다리고 있을 수도 있다!)

그보다 좋은 일은, 홀수인 완전수를 찾는 일이다. 왜냐하면 지금까지 수학자들이 찾은 완전수가 모두 짝수여서 사람들이 거기에 조금 질려 있는 상태이기 때문이다. 만약 여러분이 홀수인 완전수를 찾는다면, 여러분의 이름은 사람들이 화성에 살면서 휴가가 되면 아주 멀리 떨어져 있는 우주로 여행하는 시대가 올 때까지 유명해질 것이다.

힌트 : 이건 사실 그 어떤 일보다도 끔찍하겠지만, 여러분을 위해 힌트를 하나 주겠다. 10^{300}까지의 수에서는 홀수인 완전수가 존재하지 않는다는 것을 이미 다른 사람들이 확인을 끝냈다. 따라서 여러분은 그보다 큰 수부터 시작하면 된다.(그나저나 10^{300}은 1 뒤에 0이 300개나 있는 것과 같다. 자, 뭘 기다리는 거지? 어

서 찾아보라니까!)

불완전하고 엄청난 수

'불완전한 수' 혹은 '부족한 수'란 말은 그 수의 인수를 모두 더했을 때 원래의 수보다 작다는 것을 뜻한다. 예를 들어 21의 경우, 인수는 (21 자신은 빼고) 1, 3, 7로, 모두 합하면 11밖에 안 된다. 따라서 불완전한 수이다. 가장 불완전한 수는 소수이다. 왜냐하면 모든 소수는 인수가 (그 자신을 제외하면) 1밖에 없기 때문이다. 작고 외로운 1은 모두 더한다고 해 봐야 고작 1이 될 뿐이다. 정말 슬프지?

그리고 '과도한 수' 혹은 '넘치는 수'도 있는데, 이것은 인수를 모두 더했을 때 원래의 수보다 큰 수를 말한다. 예를 들어 30의 경우, 인수는 1, 2, 3, 5, 6, 10, 15로, 모두 더할 경우 42가 된다.

그럼 여기서 154,345,556,085,770,649,600의 경우를 소개하겠다. 이 수의 인수를 모두 더하면 926,073,336,514,623,897,600이나 되는데 이것은 원래의 수보다 정확하게 6배나 크다.

혹시 좀 더 똑똑해지고 싶다면 약간 부족한 수를 찾아보자. 약간 부족한 수란, 인수를 모두 더했을 때 원래의 수보다 1 작은 수를 말한다. 8이 그런 경우로, 인수를 모두 더하면 1+2+4=7이다. 재미있는 것은 2의 거듭제곱은 어떤 것이든 약간 부족한 수라는 사실이다. 예를 들어 2^7=128이다. 128의 인수는 1, 2, 4, 8, 16, 32, 64이며 이걸 모두 합하면 127이 된다.

유명해질 수 있는 두 번째 기회

방금 본 것처럼, 인수를 모두 더해서 원래의 수보다 1 작은 수를 약간 부족한 수라고 한다. 그럼 약간 넘치는 수란, 인수를 모두 더했을 때 원래의 수보다 1이 큰 수를 뜻할 게 분명하다. 그런데 여기에는 아주 사소한 문제가 하나 있다. 아직까지 아무도 약간 넘치는 수를 찾지 못했다는 사실이다! 수학자들은 지금 이 순간에도 어떤 것도 증명하지 못한 자신을 탓하며 머리채를 쥐어뜯고 있다. 따라서 여러분이 하나라도 발견한다면 여러분에게 무지무지 감사할 것이다. 뿐만 아니라, 여러분과 사진을 찍기 위해 줄지어 서고, 크리스마스가 되면 도저히 읽을 수 없는 서명을 한 이상한 크리스마스카드를 보낼 것이다.

사랑에 빠진 수

수학자들이 137,438,691,328과 2,305,843,008,139,952,128 이 7번째와 8번째 완전수라는 것을 발견했을 때 얼마나 기뻐하고 흥분했을지, 여러분은 충분히 상상할 수 있을 것이다. 그들 중에는 완전히 이성을 잃을 정도가 되어 홍차에 각설탕을 3개나 넣고, 밤늦게까지 잠을 자지 못한 사람이 있었으며, 심지어 옷을 찢는 사람도 있었다. 문제는 그런 야생동물 같은 행동을 하면 정상적인 인간의 정서를 가진 사람으로 보이지 않는다는 것이다. 하지만 제대로 된 환경만 주어지면 사람들은 때론 사랑에 빠지기도 한다.

220과 284는 각각의 인수를 모두 더했을 때 상대편의 수가 되는데, 이런 수를 '친구수' 혹은 '우애수'라고 한다. 사람들은 수천 년 동안 이런 수가 한 쌍밖에 없다고 생각했다. 하지만 1636년, 프랑스의 페르마라는 학자가 또 다른 쌍을 발견했다. 17,296과 18,416. 그러자 머리 좋다고 소문난 수학자들은 모두 그보다 큰 우애수를 찾기 시작했다.

진짜로 16세에 세계적으로 유명해진 사람!

우애수의 이야기에서 정말 멋진 부분은 모든 사람들이 수십만, 수백만 개의 수 중에서 새로운 우애수를 찾았다는 사실이다. 그런데 1867년 열여섯 살의 이탈리아 소년인 니콜로 파나니니는 엄청나게 작은 우애수 한 쌍을 찾았다. 다른 사람들이 모두 놓친 그 수는 1,184와 1,210이었다. 수학자들은 모두 이 사실을 알게 된 순간 미쳐서 날뛰기 일보 직전이 되었다. 솔직히, 오늘날 열여섯 살짜리 청소년 중에서 140년 동안 새로 찍히는 책마다 이름을 실을 수 있는 사람이 과연 몇 명이나 있을까?

9의 장

불가사의한 9의 세계에 온 걸 환영한다.

9는 지극히 정상적인 수로 보인다. 그렇지? 하지만 속지 말자. 왜냐하면 9는 모든 수 중에서 가장 신비로운 수이기 때문이다. 9에 마술 같은 이상한 능력이 얼마나 많은지 알게 되면 여러분은 깜짝 놀랄 것이다. 우선 몇 가지 마술부터 배워 보자!

구구단에서의 세 가지 마술

마술 1

답의 1자리를 차례로 훑어보자. 9단의 1자리는 9, 8, 7, 6, 5, 4, 3, 2, 1, 0 이렇게 된다. 그럼 이제 10자리를 보자, 10단위는

0, 1, 2, 3, 4, 5, 6, 7, 8, 9이다. 어때, 근사하지? 하지만 이것보다 더 근사한 게 있다. 이것은 요크셔에 사는 12세의 소년 톰 존슨이 우리에게 말해 준 것으로, 톰은 〈앗! 시리즈〉의 왕 팬이다.

마술 2

두 자리 수 2개를 고른다. 하지만 각 수의 자릿수를 더하면 같은 수가 되어야만 한다(8+3=11 그리고 2+9=11이므로, 여기서는 83과 29를 골랐다고 하자). 큰 수에서 작은 수를 뺀다. 그러면 항상 구구단의 9단에 그 답이 있다! 여기에서는 83-29=54.

마술 3

- 계산기를 꺼내서 1부터 8까지의 수 중에서 아무거나 하나를 누른다.
- ÷9= 버튼을 누른다.
- 답이 나오는 창에, 처음 눌렀던 수가 가득 찬다!

이걸 보여 주면 아이들이나, 앵무새 그리고 똑똑한 금붕어가 무척 좋아할 것이다. 하지만 이건 사실 별 의미가 없다. 알다시피 계산기는 나누기를 할 때는 정말 바보 같아서, 나머지가 생겨도 그게 얼마인지 말해 주지 않는 것은 물론, 나머지를 분수로 전환해서 보여 주지도 않는다. 하지만 예외가 하나 있다. 계산기가 나머지를 알려 줄 때가 있는데 바로 9로 나눴을 때이다! 우선 517 같은 큰 수를 계산기에 누른 다음 9로 나눠 보자. 그럼 57.444444라는 답이 나올 것이다. 소수점 앞에 있는 수는 답이며, 소수점 뒤에 있는 수가 바로 이 계산의 나머지이다. 다른 말로 하면, 517을 9로 나누면 몫은 57, 나머지는 4라는 것이다. 이것은 9로 나눌 때는 항상 들어맞는다. 나누는 수가 어떤 수든지. 바로 다음 수(여기서는 518)를 9로 나누면 57.55555가 나온다. 이 말은 몫은 57, 나머지는 5라는 뜻이다.

9의 능력에는 이상한 것이 정말 정말 많다. 하지만 이제……

마술 쇼! 쇼! 쇼!

반짝이 재킷을 입고, 음악을 켜고, 조명 스위치를 올리고, 커튼을 연 다음, 무대로 뛰어올라가자. 그리고 멋지게 실력을 보여 주는 거야!

하지만 먼저 관객 중 한 명을 무대로 데려와야 한다. 그러니 아래로 내려가서 맬컴을 데려오자. 맬컴을 데려오면, 다른 사람들은 자신이 뽑히지 않은 걸 다행으로 생각하고는 기꺼이 박수를 쳐 줄 것이다. 가엾은 맬컴! 크기만 하고 잘 돌아가지 않는 머리 덕분에 맬컴은 무슨 일인지 전혀 알지 못한다.

(여기서 잠깐, 관객들에게 맬컴의 계산을 잘 지켜본 다음 맞는지 확인해 달라고 부탁하는 것도 좋은 생각이다. 뿐만 아니라 관객 한 사람에게 계산기를 빌려 주고 심판이 되어 달라고 할 수도 있다.)

크고 큰 수의 비밀

사라진 수!

이 비밀은 '크고 큰 수의 비밀'과 같은 방법에서 시작된다. 하지만 디지털 루트(기억이 안 나면, 121쪽을 보자)에 대해 알고 있다면, 여러분은 훨씬 더 잘할 수 있다. 만약 정말 멋진 쇼를 하고 싶다면, 시작하기 전에 먼저 완전히 눈을 가리고 몸도 숨겨서, 맬컴이 무엇을 하는지 알 수 없게 하는 게 좋다!(맬컴이 여러분의 지시에 제대로 따르기만 하면 분명히 옳은 답이 나올 것이므로 아무 걱정도 하지 말자.)

앞에서 그런 것처럼, 맬컴에게 아주 큰 수를 하나 적으라고 한다. 그런 다음 그 아래에 여러 숫자가 섞여 있는 수를 하나 더 적으라고 한다. 그런 다음 큰 수에서 작은 수를 빼게 한다. 지금까지는 잘했다. 하지만 이 새로운 수 역시 9로 나누어진다는 것은 말하면 안 된다. 그러면 앞에서 말한 비밀과 다를 게 하나도 없으니까. 그럼 맬컴이 쓴 답이 앞에서 한 것처럼 27801117이라고 치고, 이제부터 어떻게 해야 하는지 보자.

비밀 : 맬컴이 당신에게 마지막 수를 말하면, 당신은 그 수의 자릿수를 모두 더해서 디지털 루트를 구한다(금방 암산할 수 있도록 미리 연습해 두자).

- 맬컴이 말한 수의 디지털 루트가 9이면, 맬컴이 동그라미 친 수는 9이다!
- 9가 아닐 경우, 방금 구한 디지털 루트를 9에서 빼자. 그러면 그 답이 바로 맬컴이 동그라미 친 수이다!

여기에서는, 맬컴이 말한 마지막 수가 1,081,277이므로, 1+0+8+1+2+7+7을 해야 하며 그 답은 26이다. 이제 2+6을 해야 하므로 디지털 루트는 8이다. 9에서 8을 빼면 1. 그러므로 맬컴이 동그라미 친 수는 1이다.

지금까지 한 것을 단계별로 정리해 보자.
1. 맬컴에게 큰 수를 하나 적게 한다.
2. 그 아래에 큰 수를 하나 더 적게 한다.
3. 큰 수에서 작은 수를 빼게 한다.
4. 그 답 중에서 숫자 하나에 동그라미를 치게 한다(0은 빼고).
5. 나머지 수를 모두 섞어서 아무 수나 만든 다음 말하게 한다.
6. 그 수의 자릿수를 모두 더한 다음 디지털 루트를 구한다.
7. 디지털 루트가 9이면 맬컴에게 9에 동그라미를 쳤다고 말한다. 만약 다른 수가 나오면 9에서 뺀 다음, 그 수가 동그라미 친 수라고 말한다.

이것만은 꼭 기억하자. 여러분은 맬컴이 처음에 어떤 수를 골랐는지, **뺄셈**을 한 뒤의 답이 무엇인지 모른다. 또한 맬컴이 어떻게 수를 섞었는지, 어떤 숫자에 동그라미를 쳤는지 모른다. 하지만 여러분은 답을 알 수 있다. 이게 바로 이 마술이 대단한 이유이다!

빠르고 멋진 마술

- 맬컴에게 아무거나 세 자리 수를 하나 적으라고 한다. 단, 각 자리의 숫자가 모두 달라야 한다(여기서는 맬컴이 375를 적었다고 하자).
- 맬컴에게 그 수를 거꾸로 적으라고 한다(맬컴은 573을 적었다).
- 큰 수에서 작은 수를 **빼**라고 한다(그러면 573-375=198이다).
- 맬컴에게 그 답의 첫 번째 자리의 수(100자리의 수)가 뭔지 묻는다(그는 '1'이라고 대답할 것이다).
- 이제 여러분은 맬컴에게 나머지 자리의 숫자가 뭔지 말할 수 있다! (여기서는 '9'와 '8'이라고 대답해야겠지.)

이건 정말 쉬운 마술이다. 맬컴이 어떤 수를 적든지 상관없이, 뺄셈을 한 결과는 9가지뿐이기 때문이다. 99, 198, 297, 396, 495, 594, 693, 792 그리고 891.

- 만약 맬컴이 첫 번째 자릿수가 '9'라고 하면 여러분은 금방 맬컴의 답이 '99'인 것을 알 수 있다. 따라서 다른 자릿수는 9라고 말하면 된다(맬컴이 '0'이라고 말하면 그 역시 답이 99라는 말이다).
- 하지만 만약 맬컴이 첫 번째 자릿수를 1부터 8 중에서 하나를 말하는 경우, 여러분은 가운데 자릿수는 항상 9라는 것, 첫 번째 자릿수와 마지막 자릿수를 더하면 9가 된다는 것을 이미 알고 있다. 예를 들어 맬컴이 첫 번째 자릿수가 '3'이라고 하면 그의 답은 396인 게 분명하다(왜냐하면 3+6=9니까). 따라서 여러분은 눈 깜짝할 사이에 나머지 두 자리 수가 9와 6이라고 말할 수 있다.

여기서 하나 더. 맬컴의 답과 그것을 거꾸로 한 수를 더하면 항상 1,089가 된다. 예를 들어 396+693=1,089 혹은 990+099=1,089이다. 신기한 것은, 맬컴이 처음에 시작한 세 자릿수가 무엇이었든지 간에, 그건 상관없다는 것이다!

미리 예상하기

이번에는 여러분의 비밀 병기를 다시 한 번 이용해서 조금은 무서운 마술을 해 보자. 비밀 병기란 바로 9이다! 하지만 그 전에 먼저 간단한 연습부터 하자. 우선 670,198 같은 긴 수를 쓴다. 이제 여러분은 그 아래에 '반구수'(더했을 때 각 자리의 수가 9가 되는 수)를 써야 한다. 여기에서는 이런 모양이 된다.

670198
329801 ← 반구수(위에 있는 각 자릿수와 더해서 9가 되도록 만들 수)

두 수를 합하면 999,999가 되는데 이것이 바로 반구수를 구하는 비밀이다. 첫 번째 수의 각 자릿수를 9에서 뺀 다음 그걸 아래에 쓰면 그게 바로 반구수이기 때문이다. 여기에서는 첫 번째 수의 제일 앞자리 수가 6이므로 이것을 9에서 빼면 3이다. 다음은 9에서 7을 빼므로 2, 계속 이런 식으로 된다. 어떤 수이든지 간에 '반구수'를 구하는 일은 그다지 어렵지 않다. 그리고 이것만 잘할 수 있으면 여러분은 이번에 하게 될 아주 놀라운 마술도 잘할 수 있다!

이제 맬컴을 데려와서 (만약 맬컴이 사라진 수의 마술의 충격에서 벗어났다면) 여섯 자릿수를 아무거나 적으라고 한다. 맬컴이 수를 적는 동안 여러분은 혼자 예상되는 답을 종이에 적는다.

이제 맬컴에게 처음에 적은 수 위에 여섯 자릿수를 두 개 더 적으라고 한다. 그러면 이런 모양이 될 것이다.

이제 여러분은 그 아래에 두 개의 수를 더 적는다. 맬컴은 그 수를 별거 아니라고 생각하겠지만, 사실 그것은 위의 두 수의 반구수를 차례대로 적은 것이다. 여러분이 반구수를 빨리 적을 수록, 맬컴은 여러분이 아무 생각 없이 적은 거라고 생각할 것이다.

이제 맬컴에게 다섯 개의 수를 모두 더하라고 한다. 이때 여러분은 맬컴이 계산을 아주 느리게 하는 것처럼 행동하는 것은 물론, 필요하다면 계산기를 빌려 주어도 좋다. 그럼 이렇게 된다.

어때, 정말 완벽한 마술이지? 하지만 여러분이 반구수를 제대로 쓰기만 했다면, 이건 아주 끝내주게 간단한 마술이다. 맬컴이 첫 번째 수를 적으면(여기에서는 478,309), 여러분은 거기서 2를 뺀 수를 적는다(478,307). 그런 다음 앞에 2를 붙인다! 그렇게 해서 478,309가 2,478,307이 되는 것이다!

이 마술의 비결은, 맬컴이 적은 첫 번째 수에 999,999를 두 번 더한다는 데 있다. 이것은 2,000,000을 더한 다음 2를 빼는 것과 같다! 만약 맬컴의 첫 번째 수가 978,501이라고 하면, 맬컴이 그 다음에 어떤 수를 적든지 상관없이, 여러분의 답은 2,978,499가 된다.

혹시 여러분에게 용기가 좀 있다면, 일곱 자리나 여덟 자리의 수로도(혹은 더 많은 자리의 수로도!) 같은 마술을 할 수 있다. 여러분은 방금 한 것처럼 그냥 맬컴의 첫 번째 수에서 2를 뺀 다음, 앞에 2를 붙이기만 하면 된다! 만약 첫 번째 수가 86,936,742이라면, 여러분이 예견할 수는 286,936,740이 된다.

9와 1,089에 관한 두 가지 사실

우리는 앞에서 이미 1,089를 몇 번 보았다. 여러분이 1,089를 좋아한다고 해서 여러분을 탓할 사람은 아무도 없다. 그렇다면 이제 여러분에게 두 가지 이상한 사실을 더 알려 주겠다.

- 1,089×9=9,801. 이것은 1,089를 거꾸로 쓴 것과 같다!(이것은 또한 10,989 혹은 109,989 혹은 1,099,989…… 등등의 경우에서도 같다.)
- 1÷1,089=0.000918273645546372819……
혹시 이렇게 긴 수를 어디서 봤는지 기억한다면, 왜 상을 받았는지도 알 수 있을 것이다!

9의 저주

마지막으로, 이번에는 수학과는 아무 상관 없는, 그러나 무척 재미있는 사실 한 가지를 소개하겠다.

카드놀이를 할 때 흔히 볼 수 있는 '9 다이아몬드'는 '스코틀랜드의 저주'라고 불린다! 이것은 스코틀랜드 역사에서 가장 무서운 이야기인 글렌코의 대학살 때문이다. 대학살을 당한 비극의 주인공은 바로 스테어 백작으로, 그는 9 다이아몬드의 모양으로 된 문장을 사용했다. 오랜 시간이 지난 뒤, 카드놀이가 개발되었는데, 이때부터 사람들은 9 다이아몬드가 나타나면 뭔가 안 좋은 일이 일어난다고 생각했다.

귀신 같은 수의 밤

수의 세계에 아침 식사시간이 찾아왔다. 해가 빛나고 새들이 노래를 부르고 17+9=26이 되었다. 모든 것이 지극히 정상적이었다.

점심시간이 다가오자, 뭉게뭉게 하얀 구름이 하늘을 떠다녔다. 그리고 23-16=7이었다. 혹시 기분이 미칠 것 같다면, 계산을 거꾸로 할 수도 있다. 16-23=-7, 이렇게. 이런! 답이 마이너스 7이 되었군. 하지만 이게 뭐 어때서? 별로 신경 쓸 건 없지만, 순전히 재미를 위해 8을 더해 보는 것도 괜찮을 거야. 그럼 -7+8=1. 이제 아무 문제 없지?

차 마실 시간이 되었다. 오븐에서는 머핀이 구워지고 있었고, 5×7=35였다.

저녁이 되었다. 이제 커튼을 내리고 전등불을 켰다. 밖에서 휘파람 소리 같은 게 들렸다. 아마도 바람이 부는 것이리라. 하지만 알 게 뭐야? 적어도 수에는 아무 문제도 없는걸. 20÷5=4. 이건 분명한 사실이었다.

다른 걸 해 보자. 7÷8…… 창문을 두드리는 소리가 났다! 긴

장을 풀자. 오래된 너도밤나무의 가지가 바람에 날리면서 창문에 부딪히는 소리였다. 신경 끄고 대신 7÷8에만 집중하는 거야. 하지만 멋지고 근사한 답이 잘 나오지 않았다! 기껏 한다고 해 봐야 $\frac{7}{8}$, 이렇게 분수로 만드는 것일 뿐이다. 답이 하나의 정수로 나오지는 않지만, 그래도 아래위 양쪽에 정수가 하나씩 있기는 하다. 혹시 계산기로 이 계산을 한다면 뭔가 근사한 답이 나올지도 몰랐다. 틱 틱 틱 틱. 그러자 0.875라는 답이 나왔다. 뭐, 괜찮다. 소수점도 근사하고, 875도 멋지고 깔끔하게 보였다.

창문에서 뭔가 소리가 났다. 분명히 뭔가 긁고 있는 것 같은데? 아니다. 더 이상은 상상하지 말자. 마음을 진정하고, 현실적인 답을 줄 수 있는 믿음직한 계산을 해 보자. 좋아, 9÷11을 해 보는 거야. 물론 이것은 $\frac{9}{11}$로 나타낼 수 있다. 하지만 계산기를 다시 꺼내서 답을 확인하기로 하자.

밖에서 비명이 들렸다.

저건 뭐지? 고양이일 거야. 분명히 고양이일 거야. 고양이임에 틀림이 없어. 그것 말고는 밖에서 저렇게 울어 댈 게 없잖아? 이런, 바람 소리가 더 거칠어졌다. 커튼이 가늘게 흔들렸다. 그걸 무시하고 계산기를 집어 들고 9 나누기 11을 누르자 0.81818181818181818…… 이건 아니야! 어떻게 두 개의 작고 정상적인 숫자가 이렇게 괴물로 변할 수 있지? 이건 실수일 거야. 다시 한 번 해 보자.

9÷11=0.81818181818181818……

실수가 아니었다. 이쯤 되면 여러분은

눈 하나 깜빡이지 않고 계산기의 화면을 쳐다보게 된다. 무슨 일이 일어난 거지? 아무 의미도 없는 실험 때문에 도저히 통제할 수 없는 소수가 나타났다. 계산기의 화면을 가득 채우고도 모자라서 끝없이 계속되는 소수라니!

이제는 끝없이 계속되는 이 문제의 소수를 이해해야 한다. 처음에는 분명히 0.81에서 시작했다. 하지만 끝이 어디인지 도저히 알 수가 없다. 이 수를 종이에 쓴다면 숫자는 소수점 아래로 1,000자리도 더 계속될 것이다. 그래서 절반도 쓰기 전에 여러분은 늙어서 죽게 될 것이다.

식은땀이 흐르자, 여러분은 집 안의 모든 불을 켜고 방 안을 천천히 걸었다. 밖에서는 바람이 조용히 신음을 냈다. 마음을 다잡아야 한다. 좋아, 다시 한 번 계산기를 보는 거야. 이런, 8과 1이 교대로 서 있었다. 수는 끝도 없이 계속해서 서 있을 것 같았다. 하지만 엄청난 비밀 같은 것은 없을 것이다. 맞다! 나눗셈은 절대 우리를 무섭게 할 수 없다. 그러니까 다른 걸 다시 한 번 해 보자. 22÷26. 이것은 $\frac{22}{26}$이다. 걱정하지 말자. 이걸 그대로 두고 자러 갈 수도 있다. 하지만 여러분은 분수의 기본 기술을 알고 있다. 분모와 분자를 각각 2로 나누자 $\frac{11}{13}$이 되었다. 이제 됐다. 오늘 밤엔 그만 하자.

방을 나서기 위해 준비할 때 뒤에서 뭔가 달그락거리는 소리가 들렸다. 계산기가 바닥에 미끄러진 것이었다. 재미있군. 계산기 두드리는 것을 잊어버리다니. 좋아, 계산기에 이상이 없는지 확인해 보자. 음, 이상 없는 것 같은데? 참, 화면에는 뭐가 있지? 계산기 화면에는 숫자 11이 있었다. 바닥에 떨어지면서 버튼이 눌린 모양이었다. 그런데 마치 계산기가 혼자 계산을 시작한 것 같았다. 피식, 웃음이 새어나왔다. 좋아, 계산을 끝내자. 숫자가 우리를 어떻게 할 수는 없으니까. 11÷13=0.84615384615384615······.

또다시 공포가 밀려왔다. 이 무시무시한 수의 행동은 대체 뭐지? 너무 무서워서 눈물조차 나지 않는군. 하지만 다음 순간 생각보다 별거 아니라는 걸 깨달았다. 846153이 그냥 계속되고 있다는 것을. 0.818181818과 다른 게 없었다.

합리적인 수

최소한 그 수가 무엇인지 아는 한, 수가 영원히 계속된다고 걱정할 필요는 없다. 멋지고 단단한 두 개의 정수로 만들어진 분수는 합리적이다. 다른 말로 하면 유리수란 말이다. $\frac{2}{3}$ 같은 분수는 비 혹은 비율(영어로는 ratio)이라고 하는데, 이것은 유리수를 뜻하는 영어 rational에서 비롯된 것이다. 사실 분수를 만들 때 어떤 수를 고르는지는 중요하지 않다. 그 분수를 소수(여기서의 소수는 소수점이 있는 수를 말한다)로 만들면 간단한 답이 나오기도 하고, 숫자가 끝없이 반복되기도 하니까 말이다.

여러분은 갑자기 수를 통제할 수 있을 거라는 생각이 들었다. 끝없이 계속되는 수라고 해도 말이다. 그러자 기분이 좀 나아졌다.

비가 창문을 두드리기 시작하자, 여러분에겐 이런 재미있는 질문이 떠올랐다.

이것은 어떤 수로 나누느냐에 달려 있다.

- 만약 3으로 나눈다면 한 개의 숫자만이 반복된다. 왜냐하면 1÷3=0.33333······이니까.
- 만약 11로 나눈다면 두 개의 숫자가 반복된다. 1÷11=0.09 09 09 09······ (보기 쉽도록 반복되는 수 사이를 띄워 놓았다.)
- 만약 41로 나눈다면 다섯 개의 숫자가 반복된다. 1÷41=0.02439 02439 02439······
- 만약 17로 나눈다면 자그마치 열여섯 개의 숫자가 반복된다. 1÷17=0.0588235294117647 0588235294117647······

엄청나게 많이 반복되는 숫자의 개수는 나누는 수보다 1 작다. 17로 나눌 경우 반복되는 숫자의 개수는 자그마치 16개나 된다. 이렇게 엄청나게 많은 자릿수가 반복되는 것은 오직 소수뿐이다. 하지만 모든 소수가 그렇지는 않다(예를 들어, 41은 소수이다. 하지만 반복되는 숫자는 5개뿐이다). 한편 97의 경우엔 가히 최고 수준이라고 할 정도로 많은 수가 반복된다. 다른 말로 하면, 1÷97을 계산하면 96개나 되는 숫자가 반복되는 것이다.

7의 경우엔 조금 특별하고 이상한 결과가 나타난다. 1/7, 2/7, 3/7, 4/7, 5/7 혹은 6/7을 계산하면 항상 142857이 반복된다. 여러분은 반복되는 142857 앞에 어떤 수가 오는지만 알면 된다. 예를 들어서 4/7=0.57 142857 142857······이다.

유리수 길들이기

끝없이 계속되는 긴 수는 조금 무섭기는 하지만, 영원히 계속되는 수십 억 개의 숫자를 없애는 계산을 만들 수 있다! 이걸 생각해 보자.

1/11=0.0909090909······ 등등.

이것은 두 개의 숫자가 계속되니까 100으로 나누어 보자(1에 0이 두 개 있으니까). 그러면 이렇게 된다. 1/1100=0.000909090909······

이 두 가지 수의 좋은 점은 090909라는 끝없이 계속되는 고리를 갖고 있다는 것이다. 이 고리는 지구를 한 바퀴 돌고 난 뒤 우주에까지 이어질 것이다. 하지만 만약 1/11-1/1100을 소수로 계산하면 이런 결과가 나온다.

 0.09090909······
 -0.00090909······
 =0.09

이제 0.09라는 깔끔한 답이 나왔다. 마침내 유리수(유리수는 무리수의 반대말로, 이치에 맞는 수라는 뜻. 분모, 분자가 모두 정수인 분수로 나타낼 수 있는 수가 바로 유리수이다)를 길들인 것이다!

(만약 1/11−1/1100을 정상적인 분수 상태에서 계산하면 99/1100 이란 답이 나오며 이것은 0.09와 정확하게 같다.)

1/41은 다섯 개의 숫자가 반복되므로, 41 뒤에 0을 다섯 개 붙여서 계산해야 한다. 1/4100000=0.00000 02439 02439······ 그런 다음 1/41−1/4100000을 계산하면 $\frac{99999}{4100000}$ 는 정확하게 0.02439와 같다는 것을 알 수 있다.

이제 다 됐다. 숫자가 아무리 겁을 주려 해도, 여러분은 거기에 멋진 이유가 있다는 것을 알게 되었다. 이제 침대로 가서 잠을 자자. 제곱근 같은 것은 걱정하지 말고.

아무 걱정 할 필요 없다. 여러분은 제곱근이 무엇인지 알고 있으니까. 여러분은 이미 48쪽에서 제곱근에 대해 읽었다. 그러니 마음을 편하게 갖자. 여기 4의 제곱근을 어떻게 다뤄야 하는지 나와 있다. $\sqrt{4}=2$(물론 $-\sqrt{4}=2$도 4의 제곱근이다. 하지만 여기서는 양수인 제곱근만 알아보도록 하자). 정말 귀엽군, 안 그래?

이제 잠을 자자.

그리고 5의 제곱근 같은 것은 생각하지 말자.

5의 제곱근이란, 그 수를 두 번 곱해서 5가 되는 수를 말한다. 이건 분명히 2보다는 클 것이다. 2×2=4이니까. 그리고 3보다는 작을 것이다. 3×3=9이니까. 그럼 5의 제곱근은 2와 3 사이 어딘가에 있을 것이다. 하지만 그게 어디인지는 궁금해 하지 말자.

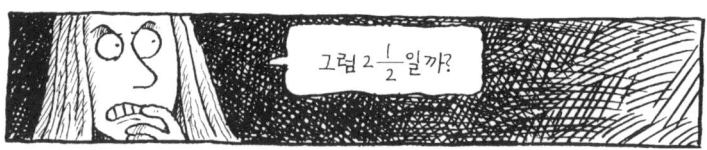

아니다. $(2\frac{1}{2})^2=6\frac{1}{4}$이다. 이건 5보다 크다.

미안! $(2\frac{1}{4})^2=5\frac{1}{16}$ 혹은 5.0625이다. 아직 조금 더 크다. 이제 그만 자라니까.

어…… $(2\frac{1}{5})^2$은 4.84이다. 이건 너무 작다. 물론 만약 여러분이 진짜로 알고 싶다면 계산기에 있는 $\sqrt{}$ 버튼을 누르면 된다.

하지만 계산기는 1층에 두고 왔을 텐데. 안 그래? 그러니까 이 밤에 괜히 1층에 내려가지 말고 아침까지 기다리자!

아무 소용 없다. 이제 여러분은 끔찍한 사실을 알아야 할 때가 왔다. 밖에서는 성난 폭풍이 나무와 건물을 마구 두드리고 있다. 여러분은 전기 스위치 쪽으로 떨리는 손을 뻗었다. 딸깍. 하지만 불이 들어오지 않았다. 이제 손전등을 찾아야 했다. 앗, 이런! 큰일이다. 건전지가 다 된 모양이다! 전구는 불쌍할 정도로 깜빡거리며 아래층으로 향하는 여러분의 맨발을 비추었다. 달빛이 커튼 사이로 들어와 탁자 가장자리에 놓여 있는 계산기를 비추었다. 잠깐 머뭇거리던 여러분은 계산기를 집어 들고 서둘러 5를 눌렀다. 그러나 신비의 버튼인 √를 누를까 말까 망설였다. 다시 돌아가기엔 너무 늦지 않았을까? 아니다, 너무 많이 와 버렸다. 좋아, 그럼! 마침내 손가락으로 √ 버튼을 누르자 처음 보는 미지의 세계로 들어가게 되었다. 이렇게…….

이게 바로 여러분의 답이다! 수백만 개의 숫자가 절대 반복되지 않는 모습으로 끝없이 계속되고 있다. 도저히 이해할 수 없는, 미친 것 같은, 논리가 도통 들어맞지 않는, 이치에 어긋나는, 그러니까…… '비합리적인' 숫자이다.

비합리적인 수 – 무리수

비합리적인 수는 정상적인 분수나, 숫자가 반복되는 소수와는 달리, 절대 끝까지 정확하게 적을 수 없다. 비합리적인 수를 만들기란 쉽다. 아무 수나 완전하지 않은 제곱을 찾아서 제곱근을 구하면 된다. 10 이하에서는 1, 4, 9만이 완전한 제곱이다. 이 말은 2, 3, 5, 6, 7 그리고 8의 제곱근은 모두 비합리적이라는 뜻이다.

세상에는 여러 가지 거듭제곱근이 많이 있다. 제곱근부터 시작해, 세제곱근도 있다. 예를 들어 2의 세제곱, 즉 $2^3=2\times2\times2=8$. 이것은 8의 세제곱근은 2라는 말이다. 하지만 9의 세제곱근은 2.08008382305190411…… 이렇게 계속된다. 즉 9의 제곱근은 합리적이지만 9의 세제곱근은 사람을 미치게 만들 수도 있다.

한밤중에 방에 서 있는데, 완전히 정신 나간 제곱근이 여기저기를 두드려 대더니 급기야 사진 액자까지 그랜드 피아노 위로 떨어뜨린다면 얼마나 무서울까. 그렇다면 어떻게 해야 미친 숫자들을 없앨 수 있을까? 한 번도 계산된 적이 없는 수백만 개나 되는 숫자들을…… 이럴 땐 도움이 필요하다…….

중요한 것은 √5를 √5×√5=5로 만들었다는 것이다. 그러니까 그 자신의 제곱을 곱해서 제곱근을 없앴다는 것이다! 만약 세제곱근에 세제곱을 곱하면, 이것 역시 없앨 수 있다. 이제 비합리적인 수인 무리수도 통제할 수 있다는 것을 알았으니 눈 좀 붙이도록 하자. 비록 그게 정확하게 어떤 건지는 잘 모르더라도 말이다.

가장 유명한 초월수

3.141592653…… 이렇게 시작하는 수가 있다. 〈앗! 시리즈〉의 팬이라면 모두 알겠지만, 이것은 흔히 π라고 쓰며 '파이'라고 읽는다. 파이는 원을 하나 그린 다음 원의 둘레를 재고, 그것을 지름으로 나누어서 나오는 수이다. π 같은 수를 초월수라고 하는데, 이것은 일반적인 무리수와는 다르다. 일반적인 무리수는 곱하기도 되고, 제곱도 할 수 있고, 세제곱도 할 수 있고, 제곱근이나 세제곱근도 구하고, 콩이나 당근을 넣고 끓일 수도

있으며, 증기롤러를 그 위로 굴릴 수도 있다. 하지만 여러분 앞에 있는 것은 무한히 계속되는 수의 행렬이다. 게다가 그 수의 규칙을 도저히 알 수가 없다(최소한 모든 사람들은 이렇게 생각한다. 이것이 초월수의 매력 중 하나이지만, 그 수가 우리의 세계를 초월한 수인지는 말하기 어렵다).

π는 수천 년 동안 많은 미스터리를 자아냈다. 그래서 π가 역사에 무척 자주 등장했음에도 불구하고 그 정체를 정확하게 아는 사람은 아무도 없었다! 하지만 이제 여러분은 다른 〈앗! 시리즈〉 책에 있는 것보다 π에 대해 좀 더 알게 될 것이다. 지금까지 멋지지만 쓸모없는 사실들을 알게 된 것처럼. 자, 그럼 다음 사실을 보자.

- 사람들은 대부분, 3.14나 $3\frac{1}{7}$처럼 π의 대략적인 값만 알면 계산할 수 있다. 고대 그리스와 이집트 사람들은 건물을 설계하고 계산을 할 때 π와 아주 비슷한 값을 사용했다. 그런데 로마 사람들은 그것조차 하지 않을 때도 있었다. 로마 사람들은 $3\frac{1}{7}$ 대신 $3\frac{1}{8}$을 썼다. 그게 더 쉬웠기 때문이다. 또 어떤 사람들은 π=4라고 계산하기도 했다. 그런데도 멋진 사원과 동상들이 무너지지 않았다니, 그저 놀라울 따름이다.

- 지금까지 컴퓨터는 π의 값을 200,000,000,000자리 이상 계산해 왔다. 컴퓨터가 그 이상 계산하기를 바란다면, 한 가지 사실을 알아야 한다. 새로 밝혀지는 자릿수가 맞다는 걸 어떻게 알 수 있을까? 그걸 알려면, 컴퓨터를 하나 더 가져다가, 전혀 다른 방법으로 π를 계산해야 한다. 그래서 정확하게 같은 숫자가 나오는지 확인해야 한다.

  힌트 : 수십억 개나 되는 숫자(소수점 이하의 숫자)가 같다는 걸 확인할 때는 절대 직접 하려고 하면 안 된다. 세 번째 컴퓨터를 이용하자.

- π에도 팬클럽이 있다! π 팬클럽에 들고 싶다면 처음 100개의 숫자를 알아야 한다. 처음 100개의 숫자는 다음과 같다.
  3.141592653 5897932384 6264338327 9502884197 1693993751 0582097494 4592307816 4062862089 9862803482 5342117067

  (경고! 어떤 사람들은 소수점 이하 100 자리 숫자를 알아야 한다고 말할지도 모른다. 이건 처음에 있는 3 - 소수점 앞에 있는 숫자 - 을 세지 않는다는 것을 말한다. 그리고 마지막 한 자리의 숫자를 하나 더 알아야 한다는 말이기도 하다. 다음에 올 숫자는 9이다. 그 다음은 8. 그 다음은 2. 그 다음은 1480865 1328230664 7093844609 5505822317 253…… 아아아아악! 머리가 너무 아파!)

- 100개의 숫자를 아는 것은 사실 별거 아니다. 일본의 이로유키 고토(당시 나이 21세)는 π의 처음 42,195개 숫자를 9시간 동안 정확하게 외웠다. 또한 중국의 장

주오라는 12살짜리 소년은 25분 만에 처음 4,000개의 숫자를 외웠다. 그러니까 1초마다 세 개의 숫자를 외웠다는 말이다! 장 주오는 엄청난 기억력보다는 아주 튼튼한 입을 가진 게 분명하다. 왜냐하면 이건 25분 동안 이 책의 한 장(章)을 큰 소리로 읽는 것과 같기 때문이다. 자, 여러분도 해 보자!

- 가장 유명한 π의 팬으로 독일의 수학자인 루돌프 반 큐렌이 있다. 큐렌은 1610년에 사망했는데, 거의 평생 32,000,000,000면을 가진 형태를 조사한 끝에 π의 35자리 값을 처음으로 밝혀냈다. 슬픈 사실은 큐렌이 사망한 지 얼마 뒤, 훨씬 쉽게 π의 값을 알아내는 방법이 밝혀졌다는 것이다! 하지만 어떤 독일인은 아직도 π를 그의 이름을 따서 '루돌피안 넘버'라고 부르고 있다. 그나저나, 루돌프, 혹시 하늘에서 누군가의 어깨 너머로 이 책을 보고 있다면 말이에요. 우리가 당신을 무지무지 존경한다는 걸 알아 주세요. 네?

- 원은 360°이다. 그리고 π의 359번째, 360번째, 361번째 숫자는 3, 6, 0이다.

- π춤도 있다! 이 놀라운 발견을 한 사람은 전 세계의 똑똑한 사람들이 간다고 알려져 있는 케임브리지 대학교의 휴 헌트 박사이다. 헌트 박사는 호주에서 자랐는데, 친구들과 함께 길게 줄을 선 다음 바닥에 커다란 계산기가 놓여 있다고 생각했다고 한다. 음악이 시작되면 마치 π의 숫자인 3.141592653······을 누르는 것처럼 상상의 계산기 위에서 스텝을 밟았다고······.

박사와 그의 친구들은 자신들이 뭘 하고 있는지도 모르는 채, 음악에 맞춰 정확하게 같은 동작으로 몸을 움직였다. 그러니까 여러분도 다음에 진짜 미치고 싶다면 이렇게 해 보자. 최고의 케임브리지 박사가 한 거라면, 여러분이 해도 괜찮은 것일 테니까.

- π가 끝도 없이 이어진 줄을 이루고 있는 모습 속에 53,217,681,704번째 자리를 보면 재미있는 것을 볼 수 있다(제일 앞에 있는 3에서부터 107,200킬로미터나 가야 이걸 볼 수 있다). 여기에는 숫자 0이 있는데, 그 다음에는 1, 2, 3, 4, 5, 6, 7, 8, 9, 그런 다음 0이 있다. π에서 처음으로 숫자가 연속적으로 나타난 모습인 것이다.

- 이 세상에는, 만약 수십, 수백, 수천 억 개나 되는 π의 숫자를 밝혀내면, 우리 우주와 같은 문명에 살고 있는 세계로부터 보낸 비밀 메시지를 발견할 거라고 생각하는 사람들이 있다. 그런가 하면, 이런 사람들을 완전히 바보라고 생각하는 사람들도 있다.

두 번째로 유명한 초월수

2.718281828459045…… 이것은 다름 아닌 e이다.

e는 '자연대수의 기본'이다. 우와! 뭔가 멋진 소리 같지 않아? 자세한 것은 〈앗! 시리즈〉의 후속편에서 설명할 예정이다. 그러니 모두 미리미리 알아서 책을 주문할 준비를 하도록.

e는 많은 끔찍한 수학 문제에 사용되고 있지만, 좋은 점도 있다. 그건 바로 여러분 혼자 힘으로 요리할 수 있다는 것이다. 게다가 준비물도 간단해서, x^y라는 버튼이 있는 고성능 계산기만 있으면 된다.

우리가 사용할 공식은 다음과 같다.

$e = (1 + \frac{1}{x})^x$이며, 여러분은 x자리에 아주 큰 수를 하나 넣으면 된다.

아, 맞다! 솔직히 이런 공식은 그다지 편한 모양이 아니다. 이렇게 해 보자.

- 먼저, 공식에 있는 x 대신 10을 넣자.

  $e = (1 + \frac{1}{10})^{10}$

- 공식을 풀 때는 항상 괄호 안에 있는 것부터 풀어야 한다. 우리는 x 대신 10을 쓰기로 했으니까, 10을 넣으면 $\frac{1}{10}$, 즉 0.1

이 된다. 따라서 괄호 안을 계산하면 $(1+\frac{1}{10})=1.1$
- 이제 마지막으로 계산기를 집어 들고 $(1.1)^{10}$을 풀면 된다. 그렇게 하려면 다음의 버튼을 차례로 눌러야 한다. 1.1 x^y 10 =, 그러면 답이 아마 2.5937이라고 나올 것이다.

사실 이건 e의 정확한 값과는 조금 다르다. 좀 더 정확한 답을 얻고 싶다면 x 대신 100을 넣어 보자. 그럼 괄호 안은 이렇게 된다. $1+\frac{1}{100}=1.01$

따라서 여러분은 계산기의 버튼을 이렇게 누르면 된다. 1.01 x^y 100, 그러면 답이 2.7048이라고 나올 것이다. 좀 더 가까워졌군.

이제 x 대신 1,000이나 10,000 혹은 100,000을 넣어 보자! 그럼 답이 점점 더 e의 값에 가까워질 것이다. 그런데 여기에는 사소한 문제가 하나 있다. e의 정확한 값을 얻으려면 x 대신에 무한대의 수를 넣어야 한다는 것이다!

e는 온갖 종류의 이상한 일을 한다. 그중 가장 재미있는 일은 큰 은행에서 하는 일로, 은행에서는 e를 이용해서 나중에 찾게 될 돈을 계산한다. 은행은 우리가 돈을 맡기면 무척 좋아한다. 그리고 나중에 우리에게 돈을 줄 때는 처음 맡겼던 돈보다 조금 더, 즉 이자를 준다. 여기서 잠깐! 다음 내용은 똑똑한 사

람들만 아는 것이니까, 큰 소리로 읽어 보자. 그렇게 하면, 무슨 말인지 잘 모른다고 해도 똑똑해 보일 테니까.

3명의 은행 지점장 이야기

여러분에게 1파운드(영국의 돈 단위로, 우리 돈으로는 2,000원 정도)가 있는데, 이걸 은행에 맡기고 싶다고 하자. 그리고 여러분은 다음 세 명의 은행 지점장 중 한 명에게 돈을 맡길 수 있다.

언뜻 보기에는 모두 같은 말을 하는 것 같지만, 수학을 조금만 이용하면 돈을 누구에게 맡겨야 할지 알 수 있다.

그럼 각 은행에 돈을 맡겼을 경우, 100일 뒤에 돈을 얼마나 찾게 될지 보자.

- 100일째 되는 날, 마이다스 씨는 여러분에게 예금한 돈 1파운드에 1파운드를 더 준다고 했으므로, 여러분이 받을 돈은 원래 맡긴 돈 1파운드와 이자 1파운드, 즉 2파운드가 된다.
- 스크루지 부인은 50일이 지날 때마다 예금한 돈 1파운드에 50페니를 더 준다고 했으므로, 1×50페니=50페니. 여기에 이미 예금해 둔 1파운드를 더하면 1파운드 50페니를 받게 된다. 하지만 100일째 되는 날 다시 예금한 돈 1파운드에 이자 50페니를 주게 된다. 그리고 여러분은 이미 1파운드 50페니(1.5파운드)를 예금해 둔 셈이다! 따라서 여러분이 받을 이자는 1.5×50페니=75페니. 이것을 이미 갖고 있는 1.5파운드에 더하면 여러분이 100일 뒤에 받을 돈은 결국 2.25 파운드가 된다.
- 제네바 씨는 10일이 지날 때마다 예금 1파운드마다 10페니를 주기로 했으니까 10일 뒤에 여러분이 받을 이자는 1×10페니=10페니. 그러므로 여러분이 받을 총 금액은 1.1파운드(1파운드 10페니)가 된다. 20일째 되는 날 제네바 씨는 다시 여러분에게 1.1×10페니=11페니를 이자로 줘야 하므로 전체 금액은 1.1파운드+11페니=1.21파운드. 30일째 되는 날 여러분이 받을 총 금액은 1.33파운드, 40일째 받을 돈은 1.46파운드…… 등등. 이렇게 해서 100일째 되는 날 여러분은 2.58파운드를 받게 된다.
- 이제 매일 1파운드마다 1페니를 이자로 주는 네 번째 은행을 찾았다고 하자. 그럼 100일 뒤에 여러분이 받을 돈은 모두 2.7파운드(2파운드 70페니)가 된다.
- 만약 다섯 번째 은행에 갔는데, 그곳에서는 매일 10회씩 돈

을 확인해서, 확인할 때마다 예금한 돈 1파운드에 $\frac{1}{10}$페니씩 이자를 준다고 하자. 그럼 100일째 되는 날 여러분은 e파운드에 아주 가까운 돈을 받을 수 있다!

방금 한 계산을 도저히 이해할 수 없다면, 〈앗! 시리즈〉의 모든 독자들이 알아야 할 아주 중요한 점 한 가지만 기억하도록 하자. 만약 제네바 씨처럼 이자를 금방 계산해서 주는 은행 지점장을 발견하면, 그 사람의 발목을 잡고, 그것도 아주 꽉 잡고 〈앗! 시리즈〉팀에 메시지를 보내라. 그런 다음 무슨 수를 써서라도 우리가 갈 때까지 그 사람을 잡아 두라.

e는 또한 뜻밖의 장소에 나타나는 아주 이상한 습관을 갖고 있다. 하지만 이걸 이해하는 사람이 있다면······.

여러분이 친구들과 함께 수영장에 갔다고 하자. 그런데 모두 옷을 벗고 나서 봤더니, 누군가 수영복을 모두 가져가 버렸다. 다행히 수영장 관리인이 베로니카가 웃으면서 커다란 옷 가방과 쌍안경을 들고 사람들 사이로 빠져나가는 것을 보았다. 관리인이 가방을 빼앗아 남자 탈의실에 넣어 주는 순간, 마

침 전기가 나가는 바람에 사방이 완전히 깜깜해졌다. 탈의실에 있던 사람들은 수영복을 하나씩 집어서 입었다. 이때 거기 있는 사람이 다른 사람의 수영복을 입을 가능성은 약 1/e로, 이것은 0.3679이다. 다른 말로 하면, 만약 베로니카가 세 번 그랬다면, 모두 잘못된 수영복을 입을 가능성이 최소한 한 번은 있다는 것이다.

세상에는 다른 초월수도 많이 있다. 하지만 지금은 아주 무서운 초월수를 만나야 할 시간이다.

유령의 수

달이 뜨고 바람 소리가 잦아들자, 여러분은 마침내 무한대로 뻗어갈 엄청나게 큰 수가 와도 별로 무서울 게 없을 거라는 생각이 들었다. 결국엔 그런 수를 모두 깔끔하게 정리할 수 있을 테니 말이다. π를 보면 3.14라고 하면 되며, e를 사용해야 할 때가 온다고 해도 2.718이라고 하면, 사람들은 모두 만족할 것이다. 이런 무리수의 값은 자에도 표시할 수 있다. 그리고 만약 자가 0 이하의 값(마이너스의 값)을 표시할 수 있다면 −e 같은 것도 표시할 수 있다.

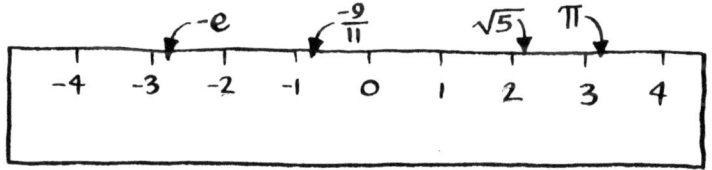

이제는 무리수 때문에 꾸었던 악몽을 생각하면 웃음이 나올 것이다. 지금은 모두 별거 아닌 것처럼 생각될 테니까. 늘어지게 하품을 하며, 여러분은 마지막으로 모든 것을 머릿속으로 정리해 보았다. $1^2=1$ 그리고 $\sqrt{1}=1$, 이건 아주 쉽다. 그럼 $(-1)^2$는 −1이 되는 걸까? 슬프게도 그렇지 않다.

그렇다. $(-1)^2=1$이다. 따라서 1의 제곱근은 +1도 될 수 있고 −1도 될 수 있다. 그래서 이럴 때는 부호를 쓴다. $\sqrt{1}=\pm1$

됐다. 이제 그만 다시 침대로 돌아가자. 그런데 거울 앞을 지나가는데 갑자기 몸이 떨리면서 이런 의문이 들었다.

말도 안 돼! 거울에 비친 모습은 여러분에게 뭔가를 설명하고 있었다. 하지만 어떻게 그럴 수 있지? 거울에 비친 모습은 진짜가 아니야. 만질 수도 없고, 그 주위를 걸어볼 수도 없잖아. 이건 순전히 상상일 뿐이지. 그런데 −1의 제곱근에 대한 답을 들고 있잖아. 게다가 i라는 글자는 상상을 뜻하는 영어 단어 'imaginary'를 뜻하는 거잖아!

분명 이것은 불빛의 장난일 뿐이다. 하지만 이보다 더한 일이 기다리고 있었으니…….

i는 분명히 상상을 뜻하는 글자이다. 하지만 자존심 있는 귀신답게, 분명히 존재하는 수이다!

사실 $i = \sqrt{-1}$은 수학에서 쓰이는 가장 멋진 마술 중 하나이다. 여러분이 $i \times i = -1$이라는 것을 안다면, 여러분은 음수의 제곱근을 뭐든지 구할 수 있다. 예를 들어서 −9의 제곱근은 $3i$이다. 왜냐하면 $3i \times 3i = -9$이니까. 기계공학 분야에서는 발전기 같은 것을 설계할 때 이걸 많이 쓴다. i라는 글자 대신 j라는 글자를 더 많이 쓰긴 하지만. 그런데 어쩌면 이건 사람들이 급하게 쓰느라 i가 j로 변한 것일지도 모른다(참고로 이런 잘못을 저지른 사람들에게 해 줄 말이 있다. 제발 마구 흘려서 써 놓고 우리에게 제대로 못 읽는다고 탓하지 마세요!).

그럼 괴상망측한 숫자 i를 자에 표시한다면, 어디쯤이 될까? 우선 이건 1이나 −1과는 다르다. 그리고 0×0=0이니까 0에도 표시할 수 없다.

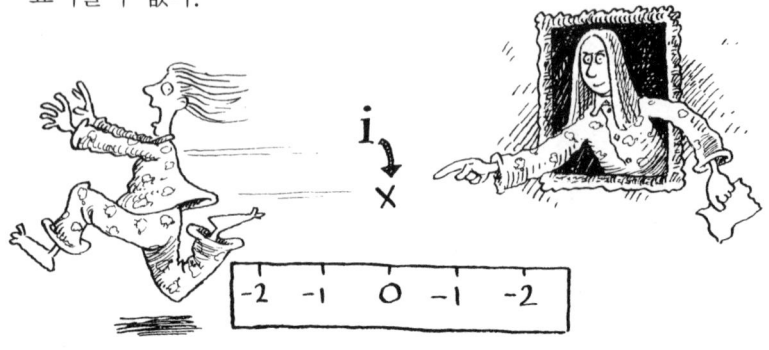

그렇다. 귀신은 여기저기 떠다닐 수 있으며, 벽이 있어도 손 하나 대지 않고 빠져나갈 수 있다. 그럼 숫자 i는 손 하나 대지 않고 자 위를 떠다닌다는 말이군! 어떻게? 왜? 이건 다음에 이야기하도록 하자. 여러분은 이미 오늘 밤에 너무 많은 일을 했으니까.

우아한 공식

밤하늘이 조금씩 흐려지면서 새벽이 다가오면, 여러분은 지난밤에 꾸었던 숫자 악몽을 생각하고는 깜짝 놀랄 것이다. 무리수, 무한한 초월수, 상상의 제곱근…… 그때 갑자기 황금빛 햇살이 비추면 모든 게 이해되겠지. 그리고 너무 간단하고, 너무 순수하고, 놀라울 정도로 명백한 사실을 알게 될 것이다. 바로 이것. $e^{i\pi}+1=0$

글쎄, 어쩌면 여러분은 이걸 깨닫지 못했을지도 모르겠다. 하지만 우리가 앞에서 만났던 오일러는 그랬다. 이건 복잡해 보이지만, 〈앗! 시리즈〉의 실험실에서는 $e^{i\pi}$에 1을 더하면 결국 아무것도 없다는 것을 증명할 수 있었다.

끝의 끝

우린 이 책의 처음부터 여기까지 먼 길을 걸어 왔다. 그리고 이제 깊은 수의 세계에 도달하려고 한다. 우리는 수십, 수백억 개의 수 중에서 몇 개를 살펴보았다. 하지만 지금은 무한대를 향해 크게 멀리뛰기를 해야 하는 시간이다. 무한대는 아주 큰 값으로, 그 값이 얼마인지 상상하려고 하면 머리만 아픈, 그런 수이다. 다행하게도 사람들은 작은 부호를 써서 무한대를 표시하고 있다. ∞

자, 이젠 처음에 시작했던 곳으로 돌아가자. 그럼 아마 테자 골드바스가 무한대의 좌석을 갖고 있으며, 한 자리를 더 필요로 한다는 것이 기억날 것이다. 무한대의 수는 끝없이 계속되는 수이다. 따라서 여기 해결 방법이 있다.

1번 자리에 있는 사람을 2번 자리로 옮긴다. 2번 자리에 있는 사람은 3번으로 옮기고, 계속 그런 식으로 한다. 모두 한 자리씩 옆으로 옮기는 것이다. 왜 이렇게 하냐고? 자리가 무한대로 있다면, 한 자리씩 옮긴다고 해도 의자 밖으로 떨어지는 사람은 없을 테니까! 그리고 1번 자리는 여전히 비어 있으므로, 여기에 가수의 어머니를 앉히면 된다.

놀라운 사실은, 결국엔 무한대+1명의 사람이 무한대의 자리에 앉게 된다는 것이다. 따라서 무한대=무한대+1. 하지만 일은 점점 더 나빠졌다.

"휴!" 테자가 샤크에게 말했다. "이제 콘서트를 시작할 수 있어."

"어…… 아직은 아니야!" 샤크가 뒤에 있는 커다란 웜홀을 열면서 말했다. "우주 반대편에서 무한대의 생명체가 도착했는데, 그들도 콘서트를 보고 싶대!"

"하지만 무한대의 좌석은 이미 가득 찼잖아!" 테자가 울음을 터트리며 말했다. "어떡하지?"

걱정할 것 없다. 여기 답이 있다!

모두 자신의 좌석 번호를 보고 곱하기 2를 하게 한다. 그런 다음 모두 새로 얻은 번호에 가서 앉는다. 1번 자리에 있는 사람은 2번 자리에 가고, 2번 자리에 있는 사람은 4번 자리에 가고, 계속 그렇게 한다. 왜 이렇게 하냐고? 무한대 수는 모두 2배로 늘어나 짝수가 되었으니, 이 자리에 원래 있던 무한대의 사람들을 앉히면 된다. 그리고 남아 있는 홀수의 자리에는 우주 반대편에서 온 무한대의 손님들을 앉히면 된다.

이걸 공식으로 나타내면 이렇다. 2×무한대=무한대.

"한 가지가 더 있어." 샤크가 말했다.

"뭔데?" 테자가 울면서 물었다.

"화장실이 3개밖에 없어."

그러자 놀랍게도 테자는 웃음을 터트렸다.

"걱정 마, 샤크." 테자가 미소를 지었다. "이건 콘서트야. 내가 아는 한, 콘서트장에는 절대로 화장실이 충분할 수가 없어."

최종 발표

이 책을 함께 읽는 동안, 전 세계에 있는 〈앗! 시리즈〉의 독자들은 모든 숫자를 대상으로 투표를 해서 최고 쓸모없는 상을 1위부터 3위까지 뽑았다. 이제 그 영광의 수상자들을 발표할 시간이니……

2는 자기 자신을 더한 값과 곱한 값이 같은, 유일한 수이다.

10,112,359,550,561,797,752,808,988,764,044,943,820,224,719에 9를 곱한 값은, 제일 끝에 있는 9를 제일 앞으로 옮긴 수

가 된다. 이렇게 할 수 있는 것은 이 수 하나밖에 없다.

　마지막 1등 수상자를 발표하기 전에, 우리의 〈앗! 시리즈〉 책을 읽어 준 여러분에게 감사의 말씀을 전하며, 이 책의 내용을 모두 이해한다면 우주로 갈 수 있는 열쇠를 가진 것이라는 사실을 다시 한 번 말하고 싶다! 그럼, 다시 만날 그날을 기약하며, 오늘의 '최고 쓸모없는 상' 그중에서도 영예의 1위 수상자를 발표하겠다. 영광의 수상자는 바로……

앗, 시리즈 (전 70권)

앗, 이렇게 재미있는 수학이!

어렵고 지루했던 수학이 순식간에 쉽고 즐거워집니다. 수학의 기초 원리에서부터 응용까지, 다양한 정보와 교양을 골라서 일목요연하게 정리해 줍니다.

01 수학이 모두 모여 수군수군
02 수학이 수리수리 마술이
03 수학이 수군수군
04 수학이 또 수군수군
05 수학이 자꾸 수군수군 1. 셈
06 수학이 자꾸 수군수군 2. 분수
07 수학이 자꾸 수군수군 3. 확률
08 수학이 자꾸 수군수군 4. 측정
09 대수와 방정맞은 방정식
10 도형이 도리도리
11 섬뜩섬뜩 삼각법
12 이상야릇 수의 세계
13 수학 공식이 꼬물꼬물
14 수학이 꿈틀꿈틀

앗, 시리즈 (전 70권)

앗, 이렇게 재미있는 과학이!

어렵고 지루했던 과학이 순식간에 쉽고 즐거워집니다.
복잡한 현대 과학의 기초 원리에서부터 응용까지
다루고 있으며, 다양한 정보와 교양을 골라서
일목요연하게 정리해 줍니다.

- 15 물리가 물렁물렁
- 16 화학이 화끈화끈
- 17 우주가 우왕좌왕
- 18 구석구석 인체 탐험
- 19 식물이 시끌시끌
- 20 벌레가 벌렁벌렁
- 21 동물이 뒹굴뒹굴
- 22 화산이 왈칵왈칵
- 23 소리가 슥삭슥삭
- 24 진화가 진짜진짜
- 25 꼬르륵 뱃속여행
- 26 두뇌가 뒤죽박죽
- 27 번들번들 빛나리
- 28 전기가 찌릿찌릿
- 29 과학자는 괴로워?
- 30 공룡이 용용 죽겠지
- 31 질병이 지끈지끈
- 32 지진이 우르쾅쾅
- 33 오싹오싹 무서운 독
- 34 에너지가 불끈불끈
- 35 태양계가 티격태격
- 36 튼튼탄탄 내 몸 관리
- 37 똑딱똑딱 시간 여행
- 38 미생물이 미끌미끌
- 39 의학이 으악으악
- 40 노발대발 야생동물
- 41 뜨끈뜨끈 지구 온난화
- 42 생각번뜩 아인슈타인
- 43 과학 천재 아이작 뉴턴
- 44 소름 돋는 과학 퀴즈

앗, 시리즈 (전 70권)

앗, 이렇게 재미있는 사회·역사가!

어렵고 지루했던 사회·역사가 순식간에 쉽고 즐거워집니다. 사회·역사와 담을 쌓았던 친구들에게 생생한 학습 의욕을 불어넣어 줄, 꼭 필요한 정보와 교양만을 골라서 일목요연하게 정리해 줍니다.

- 45 바다가 바글바글
- 46 강물이 꾸물꾸물
- 47 폭풍이 푸하푸하
- 48 사막이 바싹바싹
- 49 높은 산이 아찔아찔
- 50 호수가 넘실넘실
- 51 오들오들 남극북극
- 52 우글우글 열대우림
- 53 올록볼록 올림픽
- 54 와글와글 월드컵
- 55 파고 파헤치는 고고학
- 56 이왕이면 이집트
- 57 그럴싸한 그리스
- 58 모든 길은 로마로
- 59 아슬아슬 아스텍
- 60 잉카가 이크이크
- 61 들썩들썩 석기 시대
- 62 어두컴컴 중세 시대
- 63 쿵쿵쾅쾅 제1차 세계 대전
- 64 쾅쾅탕탕 제2차 세계 대전
- 65 야심만만 알렉산더
- 66 위풍당당 엘리자베스 1세
- 67 위엄가득 빅토리아 여왕
- 68 비밀의 왕 투탕카멘
- 69 최강 여왕 클레오파트라
- 70 만능 천재 레오나르도 다 빈치